中等职业学校教科书

心理健康与职业生涯学习辅导

主　编◎王雪梅　王　恩
副主编◎杜晓丹　魏　宁

中国财经出版传媒集团
中国财政经济出版社
·北京·

图书在版编目（CIP）数据

心理健康与职业生涯学习辅导 / 王雪梅，王恩主编. 北京 ：中国财政经济出版社，2024. 11. -- （中等职业学校教科书）. -- ISBN 978-7-5223-3375-5

Ⅰ. G444；G717.38

中国国家版本馆CIP数据核字第2024V3E990号

责任编辑：田明晖　　　　责任校对：胡永立

封面设计：陈宇琰　　　　责任印制：史大鹏

心理健康与职业生涯学习辅导

XINLI JIANKANG YU ZHIYE SHENGYA XUEXI FUDAO

中国财政经济出版社 出版

URL：http：//www. cfeph. cn

E－mail：cfeph@ cfeph. cn

社址：北京市海淀区阜成路甲 28 号　邮政编码：100142

营销中心电话：010－88191522　编辑部门电话：010－88190670

天猫网店：中国财政经济出版社旗舰店

网址：https：//zgczjjcbs. tmall. com

北京密兴印刷有限公司印刷　各地新华书店经销

成品尺寸：210mm × 297mm　16 开　13. 25 印张　235 000 字

2024 年 11 月第 1 版　2024 年 11 月北京第 1 次印刷

定价：33. 00 元

ISBN 978－7－5223－3375－5

（图书出现印装问题，本社负责调换，电话：010－88190548）

本社质量投诉电话：010－88190744

打击盗版举报热线：010－88191661　QQ：2242791300

出版说明

中等职业学校思想政治课教科书《中国特色社会主义》《心理健康与职业生涯》《哲学与人生》《职业道德与法治》由国家教材委员会审核通过，高等教育出版社于2023年8月出版。

为了帮助同学们更好地学习、理解、掌握思想政治课的内容，在教育部国家教材局的指导下，高等教育出版社授权我社出版上述四门思想政治课的学习辅导用书。本套辅导用书以习近平新时代中国特色社会主义思想为指导，以高等教育出版社出版的中等职业学校思想政治课教科书为依据，将理论与实践相结合，从同学们的生活体验出发深入浅出地解读“中国特色社会主义”“心理健康与职业生涯”“哲学与人生”“职业道德与法治”课程内容，引导同学们在学习中体验，在体验中感悟，在感悟中成长，做到将理论知识外化为解决实际问题的能力和本领。

期盼广大师生在使用本套学习辅导用书的过程中，提出宝贵的意见和建议，我们将集思广益，不断修订完善、提高。

中国财政经济出版社

2024年8月

总　序

“问渠那得清如许？为有源头活水来。”中国特色社会主义进入新时代，新时代催生新思想，新思想指引新征程。为了更好地帮助同学们深入理解并践行中等职业学校思想政治课程，我们编写了与中等职业学校思想政治教科书紧密配套的学习辅导。

本套学习辅导以习近平新时代中国特色社会主义思想为指导，将理论与实践相结合，从同学们的生活体验出发，由具体到抽象，深入浅出地解读“中国特色社会主义”“心理健康与职业生涯”“哲学与人生”“职业道德与法治”课程内容，精心设计了“思维导图”“目标点击”“自主预习”“课堂探究”“实践营地”“成长回眸”“信息资讯”七大板块，引导同学们在活动中体验，在体验中感悟，在感悟中成长，做到将理论知识外化为解决实际问题的能力和本领。

本套学习辅导注重实践性和可操作性，形成自身的鲜明特色，其突出特点体现在：

第一，明确目标定位。我们依据《中等职业学校思想政治课程标准（2020年版)》，瞄准学习目标，在每课的“目标点击”“思维导图”板块，通过清晰的目标设定，同学们可以更加明确自己的学习方向。

第二，联动课内课外。我们将思政小课堂与社会大课堂相结合，设计“自主预习”“课堂探究”“实践营地”板块，实现课前、课中、课后三阶段联动，鼓励同学们在课外积极寻找学习资源，拓宽自己的知识视野。

第三，强化实践体验。我们遵循“基于情境、基于案例、基于生活”原则，每课都围绕议题设计了课堂演练活动，运用经典研读、故事分享、情景展示、主题辩论等方式组织课堂实践。每课都提供了社会实践样本，为充分挖掘地方红色资源，开展志愿服务、理论宣讲、实地调研、人物访谈等实践活动奠定基础，达到学以致用、知行合一的目的。

第四，体现多元评价。在“成长回眸”板块，我们注重同学们自我矫正、自我教育、自我反思，在认知与品质、态度与情感、运用与行动方面，通过自评、互评、师评以及社区、专家、企业评价，促进同学们的全面发展。

第五，打造立体学习辅导。我们充分利用现代信息技术手段，为同学们提供立体化的学习材料。通过扫描二维码，同学们可以观看视频，获取议学单、社会实践任务单等资源，享受更加便捷、高效的学习体验。

同学们，新时代赋予我们新的使命与责任。让我们坚定理想信念，志存高远，脚踏实地，在学习中展现才华，在职业生涯规划中明确方向，在倡议行动中传递正能量，在筑梦演讲中放飞梦想，为实现中华民族伟大复兴贡献青春和力量。

编　者

2024 年 8 月

前 言

在快速变化的现代社会中，人们面临着前所未有的挑战和机遇，只有心理健康的人，才能在职业生涯中保持稳定的心态，面对挑战时更加从容不迫，人们对于心理健康和职业生涯规划的重视程度越来越高。中职学校同学们未来的职业生涯是一个充满了未知和变数的过程，在这个过程中，同学们不仅需要具备扎实的专业技能和敏锐的洞察力，更需要具备良好的心理素质和适应能力。他们的心理健康状况和未来的职业选择对其人生发展具有至关重要的影响。因此，我们严格参照教育部最新组织编写的中等职业学校思想政治课《心理健康与职业生涯》教材的内容，编写了这本教辅用书，旨在帮助同学们更好地掌握教材中的重要知识点，更进一步知悉心理健康是个人成功的基础；了解心理健康的基本知识，掌握有效的心理调适方法；同时引导他们进行科学合理的职业生涯规划。

本书是一本学生学习辅导用书，更是一本引导学生健康成长，科学规划未来的行动指南。内容丰富全面，整体编写遵循中等职业学校思想政治课议题式教学，每一课的基本体例是：

“思维导图”用清晰明了的知识要点涵盖本课的所有知识点，同时明确各个知识点之间的逻辑关系。此项是学生打开本课学习的导引，让学生思维清晰、目标明确，开启本课知识的学习。

“目标点击”，让学生明确通过本课的学习，能够从认知、情感、运用等各个方面达到一个相应的学习目标。

“自主预习”由观看对应的视频展开学习，引导学生思考本课课标中提出的总议题，明晰本课学习的总目标及最终落脚点。

“课堂探究”设计了三项内容。

其一是“素质训练”，包括10道单选题，一组填空题及两个表格填写，包括原文呈现或者是对教材内容的转化，重点检测学生对教材基本知识点的掌握及基本运用。两道材料题，都是编者选取的“小、近、亲、实”的材料，材料内容贴近生活、贴近中职学生的实际，让学生在身边的案例中感悟本课基本议题中的内容展现。

其二是“活动演练”，通过做一做、演一演或者说一说等不固定的方式，结合本课内容及学生专业实际等情况，教师设计相应的课堂探究活动，由学生参与完成，通过课堂活动，引导学生对本课的知识点实现学以致用。

其三是“实践营地”，教师可以针对学生的实际情况及本地区的教育资源，设计相应的课外实践活动，让同学们走出课堂、走进社会，知识与实践相结合，完成知识的完美运用。

“成长回眸”是评价环节，有要求就要有结果，通过学生自评、互评及教师评价，检测同学们学习效果的同时实现以评促学，激励同学们更好地学好思想政治课，提升思政认知。

本书由王雪梅、王恩担任主编，负责提出本教材的编写大纲、编写理念、编写方法，并负责全书的统稿工作。

具体编写分工：第一单元由北京铁路电气化学校王雪梅老师组织协调，并负责编写第 1 课；北京市经济管理学校汪艺负责编写第 2 课。第二单元由郑州财经技师学院魏宁老师组织协调并负责编写第 6 课；北京市自动化工程学校张莹负责编写第 3 课，北京铁路电气化学校杜悦负责编写第 4 课，河北轨道运输职业技术学院苏浩淼负责编写第 5 课。第三单元由北京教育学院丰台分院王恩老师组织协调，并和丰台区职业教育中心学校张力、李泽凯共同编写第 8 课、第 10 课；山东省济南中学高继峰负责编写第 7 课；北京市经济管理学校赵遇缘负责编写第 9 课。第四、五单元由北京市昌平职业学校杜晓丹老师组织协调，并负责编写第 12 课；河北轨道运输职业技术学院贾敏负责编写第 11 课；北京市昌平职业学校高鑫负责编写第 13 课；山东省济南传媒学校季侠负责编写第 14 课；山东省济南工程职业技术学院张文雯负责编写第 15 课。

由于编者水平和掌握的资料所限，加之时间仓促，书中难免存在不足之处，恳请读者批评指正，以便不断修订完善。

编　者

2024 年 8 月

目　录

第五单元　规划生涯　放飞梦想

第一单元

时代导航　生涯筑梦

第 1 课
立足时代　志存高远

思维导图

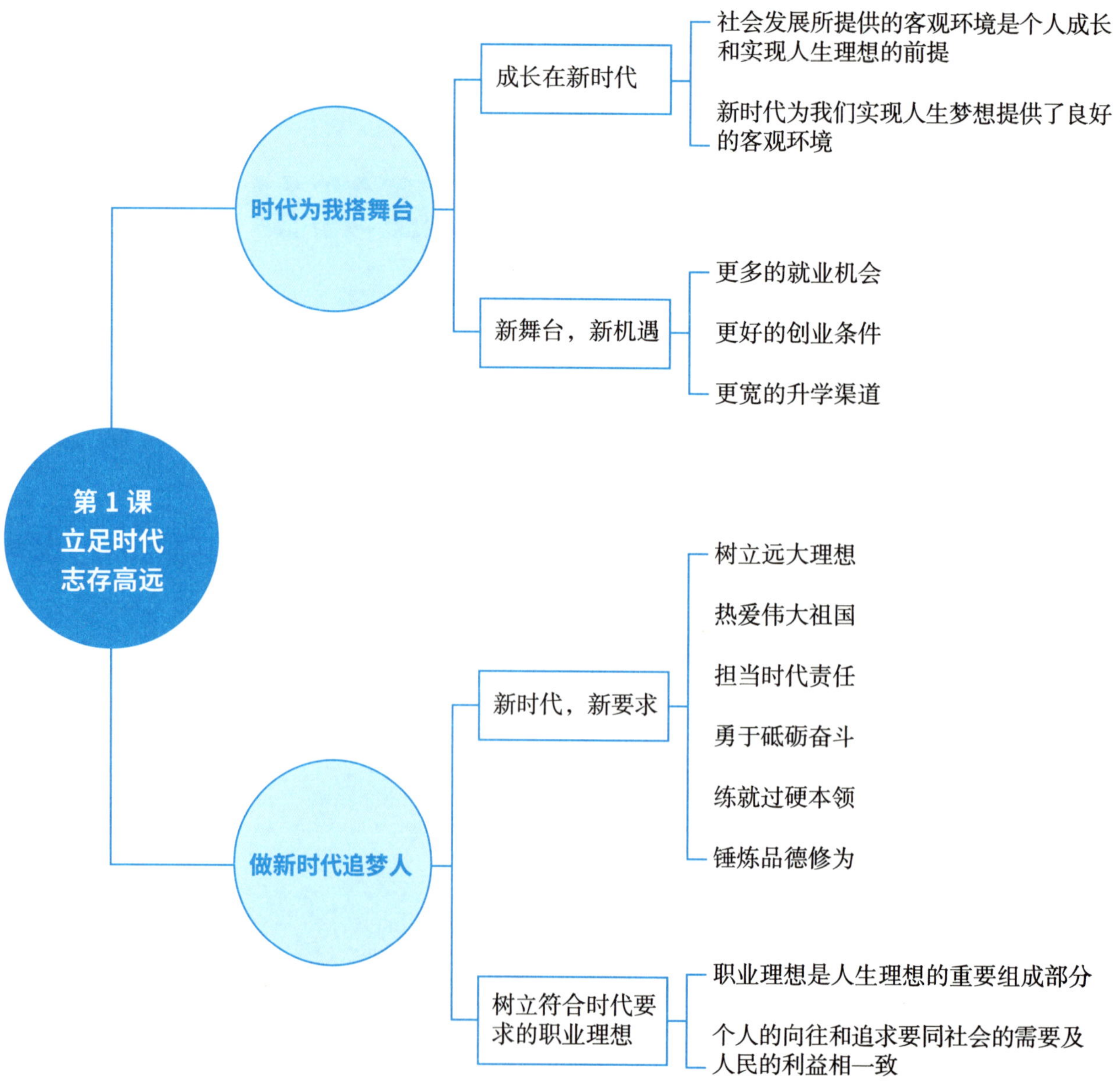

目标点击

1. 了解个人价值的实现离不开社会发展的大环境，领悟实现“两个一百年”奋斗目标迫切需要知识型、技能型、创新型劳动者大军。

2. 理解社会发展是实现人生梦想的客观环境，领会新时代为个人发展提供了广阔舞台，对个人素养提出了新要求，树立符合时代要求的职业理想。

3. 明确职业理想对人生发展的引导作用，树立正确的职业观、成才观，坚定专业学习的信心，为未来职业发展奠定基础。

自主预习

观看视频《奋进新征程　建功新时代·伟大变革》，初步思考总议题：新时代为我们的职业发展提供了怎样的舞台？探讨个人职业梦想与社会发展的关系。

学习感悟

课堂探究

素质训练

选一选

1. 社会发展提供的（　　）是个人成长和实现人生理想的前提。

A. 客观环境　　B. 主观条件　　C. 经济发展状况　　D. 实际情况

2. 我们追求幸福人生的个人梦想是在（　　）的整体画卷中展开的，每个中国人的梦最终汇聚成中国梦。

A. 社会环境　　B. 中国梦　　C. 客观环境　　D. 生活环境

3. 2021 年 8 月，国务院印发《“十四五”就业促进规划》提出，到 2025 年要实现的主要目标。新时代给我们提供了哪些发展机遇（　　）。

①更多的就业机会　　②更好的创业条件

③更多的社会收入　　④更宽的升学渠道

A. ①②③④　　B. ①②④　　C. ①③④　　D. ②③④

4. 在 2022 年世界技能大赛特别赛上，中国选手追求卓越、再接再厉，共获得 21 枚金牌、3 枚银牌、4 枚铜牌和 5 个优胜奖，金牌榜和团体总分位居第一。更可喜的是，移动应用开发、云计算、抹灰与隔墙系统、精细木工等多个项目都实现了金牌“零”的突破。各位金牌得主感言“想做好一件事，必须付出百分之百的努力”“只有千锤百炼、精益求精，才能应对各种挑战”，这些夺金的感言让我们得到以下启示（　　）。

①树立远大理想　　②热爱伟大祖国　　③担当时代责任　　④练就过硬本领

A. ①②③④　　B. ①②④　　C. ①③④　　D. ②③④

5. 实现全面建成社会主义现代化强国的奋斗目标，实现中华民族伟大复兴的中国梦，需要建设一支知识型、技能型、（　　）劳动者大军。

A. 技术型　　B. 身心健康型　　C. 创新型　　D. 担大任型

6. 党的二十大报告指出，全面建成社会主义现代化强国，总的战略安排是分两步走：从 2020 年到（　　）年基本实现社会主义现代化；从 2035 年到（　　）把我国建成富强民主文明和谐美丽的社会主义现代化强国。

A. 2025　2035　　B. 2025　本世纪中叶

C. 2035　本世纪中叶　　D. 2030　2050

7.（　　）是个人对未来所从事职业的向往和追求，是人生理想的重要组成部分。

A. 个人理想　　B. 职业理想　　C. 未来追求　　D. 职业发展

8. 俗话说“三百六十行，行行出状元”，这指明（　　）。

A. 无论干什么，只要热爱本职工作，就一定能作出优异的成绩

B. 社会需要多种多样的人才

C. 干一行、爱一行、钻一行，努力成为建设伟大祖国的栋梁之材

D. 每个人的工作都是不同的

9. 小杨就读中职学校汽车制造与检测专业，他的职业理想是成为一名优秀的技术工人，为民族汽车品牌的振兴作出贡献。毕业后，小杨进入一家民营汽车公司，从基层的装配工做起，一步一个脚印地在职业生涯发展道路上前进，逐步成长为一线技术工人中的佼佼者。职业理想对小杨的成长有什么作用（　　）。

①职业理想是职业生涯发展的方向

②职业理想是人生理想的重要组成部分

③个人的向往和追求只有同社会的需要和人民的利益相一致，才可能变为现实

④职业理想和未来职业发展没有什么必然的联系

A. ①②③④　　B. ①②③　　C. ①③④　　D. ②③④

10. 小王从职业学校毕业以后，进入某企业做了一名基层流水线工人，他热爱本职工作，脚踏实地努力工作，并且怀揣职业梦想。他抓住企业设备升级换代时机，积极报名企业新员工培训，掌握最新的企业设备应用技术，培训结束后顺利进入企业核心技术岗位，工作中继续努力，逐步成为单位的高级技师，在工作岗位上为企业解决了很多技术难题。小王的事例，说明的道理是（　　）。

A. 不管用什么手段一定要进入企业核心岗位

B. 只要勤奋努力就能成功

C. 职业理想激励我们成长成才

D. 毕业后一定要找到一个合适的工作

填一填

1. 请同学们阅读教材，完成填空学习内容

（1）作为新时代的青年，我们追求幸福人生的个人梦想都是在＿＿＿＿＿＿的整体画卷中展开的。

（2）实现全面建成社会主义现代化强国的奋斗目标，实现中华民族伟大复兴的中国梦，需要建设一支＿＿＿＿＿＿、＿＿＿＿＿＿、＿＿＿＿＿＿劳动者大军。

（3）我们面临的新时代，既是近代以来中华民族发展的最好时代，也是实现＿＿＿＿＿＿＿＿＿＿＿＿的最关键时代。

（4）职业理想是个人对未来所从事职业的向往和追求，是＿＿＿＿＿＿＿＿＿＿＿＿的重要组成部分。个人职业理想的实现有助于推动国家的发展，社会的进步。

（5）我们要做时代的追梦人。我们要树立＿＿＿＿＿＿＿＿，热爱伟大祖国，担当＿＿＿＿＿＿＿＿，勇于砥砺前行，练就＿＿＿＿＿＿＿＿，锤炼品德修为。

2. 请同学们思考并填写新时代带来的新机遇

我们成长在怎样的新时代	
新时代带来的新机遇是什么	
抓住机遇应该怎么做	

3. 请畅想未来，完成表格填写

内容	我们来到 2035 年
我国经济社会发展状况	
我的年龄及身心状况	
我的生活状况	
我的职业发展状况	

议一议

1. 时代变迁　家居新篇

20 世纪 70 年代，家庭三大件是自行车、缝纫机、手表；20 世纪 80 年代，家庭三大件是冰箱、电视机、洗衣机；20 世纪 90 年代，家庭三大件是空调、影碟机、电脑。21 世纪 00 年代，家庭三大件是房子、车子、票子；新时代，人们对家居环境质量的要求和需求不断提升，为家庭注入绿色环保因素，享受更高品质的家居生活已经成为时代潮流，净化空气的空气净化系统、洁净健康的净水系统和健康舒适又环保的采暖设备逐渐成为家庭刚需，可谓新时代的家庭三大件。生活要求的不断变化，不仅展现了不同时代人们生活的不同，也折射出不同时代人们对生活的不同向往。

结合生活体验，谈谈新时代我们的生活有什么样的新变化，社会发展与个人人生理想的实现是怎样的关系？

2. 技艺卓越　筑梦远航

来自某技师学院建筑艺术专业的“00 后”马宏达，在 2022 年世界技能大赛特别赛法国赛区“抹灰与隔墙系统项目”比赛中摘得桂冠，实现了中国在该项目金牌“零”的突破。埃菲尔铁塔的剪影、3D 视觉效果的鸽群和羽毛、红蓝白三色构成法国国旗……这次比赛的压轴环节的自由创意模块中，马宏达以“刮刀”为笔，运用石膏技术呈现出一幅惊艳之作。最终，技压群雄，身披五星红旗站上了世界技能最高奖台。

马宏达表示“作为青年一代，要将工匠精神、职业操守融入生活中去，这样一来，青年一代从学校走向社会就会携带这种精神，从而可以使整个行业都具备基本的职业素养和高尚的职业操守”。

网络查询马宏达的事迹，讨论分析作为职业学校的学生，我们该如何实现自己的职业理想？

活动演练

讲一讲

习近平在庆祝中国共产党成立 100 周年大会上的讲话中指出："新时代的中国青年要以实现中华民族伟大复兴为己任，增强做中国人的志气、骨气、底气，不负时代，不负韶华，不负党和人民的殷切期望！"习近平总书记关于奋斗、关于中国梦，给当代青年很多寄语和鼓励。

◎围绕分议题：新时代为我们的职业发展搭建了怎样的舞台？开展"青春筑梦新时代"演讲比赛。准备筑梦演讲文稿，要求条理清晰、逻辑严密。可以通过列举事实、引用数据、分析案例等方式来增强说服力。结尾应简洁有力、鼓舞人心。上课分组交流，代表演讲，用充满激情的语言来号召听众共同为实现青春梦想而努力奋斗。

筑梦演讲文稿

做一做

每一代人都有自己的历史使命和人生梦想。为了时代的发展，有一代人，他们抛头颅，洒热血，走过反压迫、反侵略的长征路，迎来胜利的曙光；有一代人，他们破旧立新，掀起改革浪潮，走上了一条求转变、促发展、奔小康的新长征路。正是有了他们的付出，才有了我们这一代人的幸福生活。中国梦是历史的、现实的，也是未来的。中华民族伟大复兴的中国梦终将在一代代青年的接力奋斗中变为现实。

◎围绕分议题：新时代提出了哪些新要求？制作个人梦想板，制作梦想板能帮助你将内心的愿景和目标具象化，更容易地保持动力并朝着梦想前进。制作梦想板时需要注意明确目标与愿景、收集与筛选素材、布局与设计、实用性与可操作性。制作完成后，小组内进行交流讨论，互相点评补充。各组代表展示本组最优秀的新时代梦想板，组间进行点评与学习。

我的梦想板块

实践营地

社会实践任务单

班级		小组成员		组长	
实践项目		实践方法		时间	
实践目的					
实践准备					
实践内容					

社会实践体会

评价维度	评　价　要　求	配分	得分
政治认同	坚持马克思主义世界观和方法论，领会中国特色社会主义理论体系，特别是习近平新时代中国特色社会主义思想，增进对伟大祖国、中华民族、中华文化、中国共产党、中国特色社会主义的认同，坚持社会主义核心价值体系，自觉培育和践行社会主义核心价值观。	20	
职业精神	具有积极劳动态度和良好劳动习惯，具有正确职业理想、科学职业观念、良好职业道德和职业行为，具备理性思维、批判质疑、勇于探究的科学精神，能够正确认识和处理社会发展与个人成长的关系，并做出正确价值判断和行为选择，在社会实践中增长才干。	20	
法治意识	具有社会主义法治观念、正确的权利义务观念，尊法学法守法用法，维护宪法尊严，自觉参与社会主义法治国家建设。	20	
健全人格	具有积极心理品质和自尊自信、理性平和、积极向上的心态，能自我调节和管理情绪，做到自立自强、坚韧乐观，提高心理健康水平和职业心理素质。	20	
公共参与	具有主人翁意识，坚持以人民为中心，能够有序参与公共事务、积极承担社会责任。	20	
合　计		100	

成长回眸

我的认识：

____

____

我的提升：

____

____

我的行动：

____

____

本课评价：

评价维度	内　容	得分			
		自我评价	组长评价	生生评价	老师评价
认知与品质（30 分）	了解个人价值的实现离不开社会发展的大环境，领悟实现“两个一百年”奋斗目标迫切需要知识型、技能型、创新型劳动者大军。				
态度与情感（30 分）	理解社会发展是实现人生梦想的客观环境，领会新时代为个人发展提供了广阔舞台，对个人素养提出了新要求，树立符合时代要求的职业理想。				
运用与行动（40 分）	明确职业理想对人生发展的引导作用，树立正确的职业观、成才观，坚定专业学习的信心，为未来职业发展奠定基础。				
合计					

自我评价：优秀（90－100 分）　良好（75－89 分）　合格（60－74 分）　待提高（0－59 分）

组长评价：优秀（90－100 分）　良好（75－89 分）　合格（60－74 分）　待提高（0－59 分）

生生评价：优秀（90－100 分）　良好（75－89 分）　合格（60－74 分）　待提高（0－59 分）

老师评价：优秀（90－100 分）　良好（75－89 分）　合格（60－74 分）　待提高（0－59 分）

校外寄语：______________________________________

____

信息资讯

习言习语

新时代的中国青年要以实现中华民族伟大复兴为己任，增强做中国人的志气、骨气、底气，不负时代，不负韶华，不负党和人民的殷切期望！

——2021 年 7 月 1 日习近平在庆祝中国共产党成立 100 周年大会上的讲话

“当代中国青年是与新时代同向同行、共同前进的一代，生逢盛世，肩负重任”“广大青年要肩负历史使命，坚定前进信心，立大志、明大德、成大才、担大任，努力成为堪当民族复兴重任的时代新人，让青春在为祖国、为民族、为人民、为人类的不懈奋斗中绽放绚丽之花”。

——2021 年 4 月 19 日习近平总书记在清华大学考察时的讲话

青年最富有朝气，最富有梦想，是未来的领导者和建设者。中国重视、关怀、信任青年，支持青年发展自身、贡献社会、造福人民，在实现中国梦的历史进程中放飞青春梦想。

——2015 年 10 月 26 日习近平在联合国教科文组织第九届青年论坛开幕式上的贺词

光阴荏苒，物换星移。时间之河川流不息，每一代青年都有自己的际遇和机缘，都要在自己所处的时代条件下谋划人生、创造历史。青年是标志时代的最灵敏的晴雨表，时代的责任赋予青年，时代的光荣属于青年。

——2014 年 5 月 4 日习近平总书记在北京大学师生座谈会上的讲话

展望未来，我国青年一代必将大有可为，也必将大有作为。这是“长江后浪推前浪”的历史规律，也是“一代更比一代强”的青春责任。广大青年要勇敢肩负起时代赋予的重任，志存高远，脚踏实地，努力在实现中华民族伟大复兴的中国梦的生动实践中放飞青春梦想。

——2013 年 5 月 4 日习近平在同各界优秀青年代表座谈时的讲话

推荐网站

1. 新华网。网址：http：//www. xinhuanet. com/

第 2 课
生涯规划　筑梦未来

思维导图

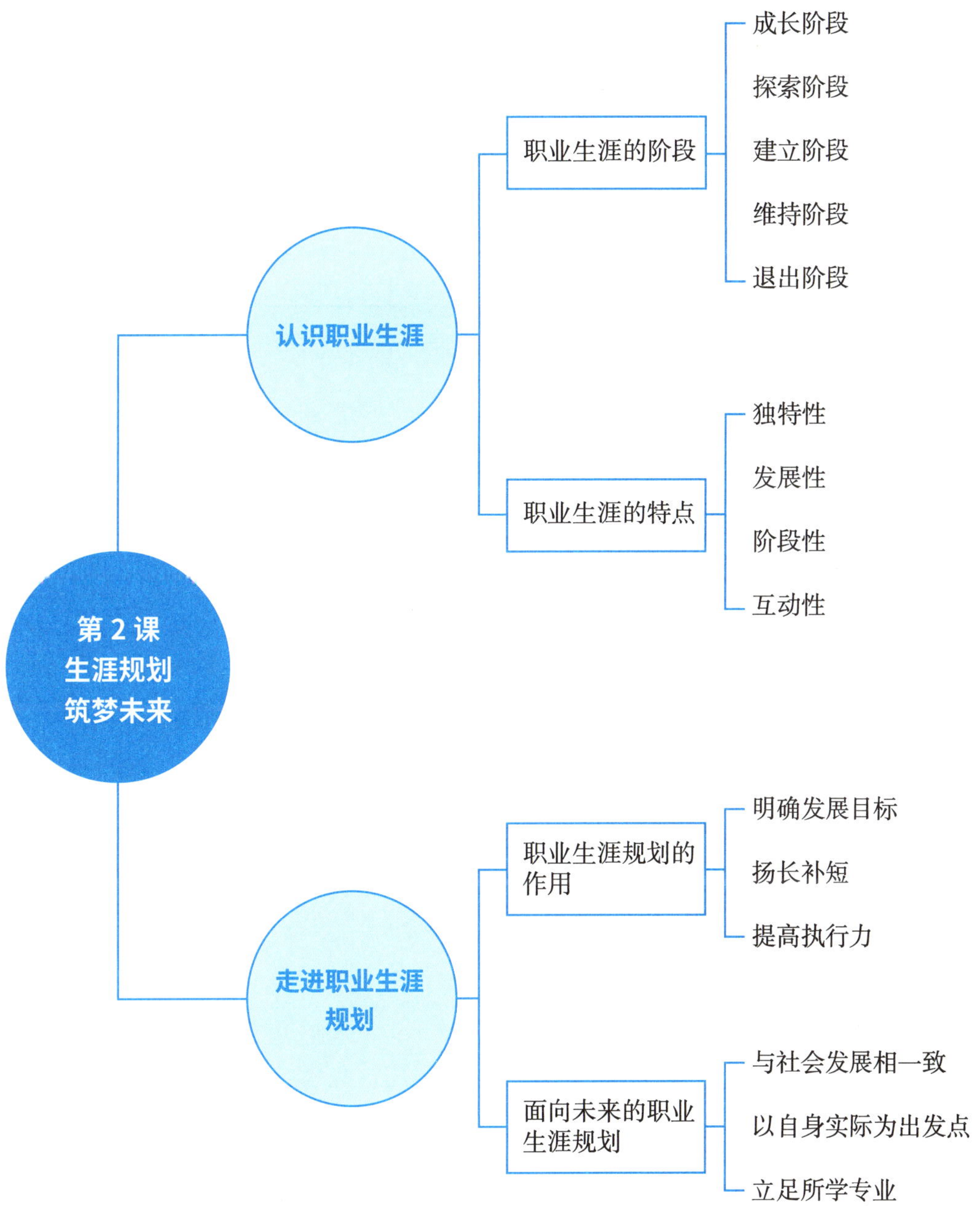

目标点击

1. 了解职业生涯的含义、阶段和特点，理解职业生涯规划的重要性。

2. 正确认识职业生涯，理解职业生涯规划对个人发展的重要性，形成正确的职业生涯规划理念。

3. 用正确的职业生涯规划指引自身发展，树立为实现职业理想从眼下做起、积极准备的意识。

自主预习

观看视频《大国工匠》，初步思考总议题：为什么新生活从确定目标开始？讨论职业生涯规划的意义。

学习感悟

课堂探究

素质训练

选一选

1. 成长阶段，从出生开始，到完成（　　）阶段的学业为止。

A. 义务教育　　B. 高中　　C. 大学　　D. 初中

2. 每个人的职业生涯各不相同。即使是从事相同职业、具有相同发展轨迹的人，由于（　　）、所处环境、职业理想以及付出的努力程度不同，他们的职业生涯也不会完全一样。

A. 原生家庭　　B. 个人条件　　C. 家庭条件　　D. 社会条件

3. 职业生涯规划，是一个人对自己职业前景的展望，是对自己职业发展道路的（　　）和谋划。

A. 畅想　　B. 设计　　C. 设想　　D. 期望

4. 职业生涯规划可以帮助我们（　　）。有目标，才会有前进的方向和奋斗的动力。

A. 扬长补短　　B. 提高执行力　　C. 明确发展目标　　D. 提升竞争力

5. 小盈喜欢电脑，从小就希望从事电脑相关的职业，为此他到一所中职学校学习信息专业，还在计算机比赛中获得一等奖，小盈的职业规划考虑了（　　）。

A. 自己的专业　　B. 自己的兴趣爱好　　C. 自己的家庭　　D. 自己的性格

6. 职业生涯可以分为五个阶段：成长阶段、探索阶段、建立阶段、维持阶段、（　　）。

A. 优化阶段　　B. 退化阶段　　C. 更新阶段　　D. 退出阶段

7. 职业生涯具有独特性、（　　）、阶段性、互动性。

A. 渐进性　　B. 发展性　　C. 互补性　　D. 冲突性

8. 职业生涯规划可以帮助我们明确发展目标、扬长避短、（　　）。

A. 充实认识　　B. 获得成就　　C. 提高执行力　　D. 提高专业技能

9. 切实可行的职业生涯规划，能增强学习的（　　）与计划性。

A. 目的性　　B. 发展性　　C. 主动性　　D. 专业性

10. 职业生涯规划要以自身实际为出发点。了解自己的性格特点、（　　）、优势和劣势。

A. 内心　　B. 兴趣爱好　　C. 能力　　D. 不足

填一填

1. 请同学们阅读教材，完成填空学习内容

（1）职业生涯规划，是一个人一生中以职业为核心所串联起来的全部经历。有的人一生中只从事一种职业，有的人一生中会从事很多职业。职业生涯是一个人一生通过____________、____________，不断追求职业理想的过程。

（2）活到老、________、________，是我们在职业生涯发展中必须坚持的理念。

（3）职业生涯规划可以帮助我们提高执行力。再远大的职业理想，如果没有规划和行动，就会变成空想。切实可行的职业生涯规划，能增强学习的______与______，帮助我们找准努力的方向；能增进对专业的了解和热爱，促使我们执着专注，更好地发挥潜能。

（4）要把个人发展与________________紧密联系起来。

（5）职业生涯规划要立足所学专业。专业技能是我们未来就业和职业发展的基础。要__________、__________、__________，深入了解自身的专业优势，对照职业要求，掌握专业知识和专业技能，注重实践应用，提升竞争力。

2. “人生五计”填空学习

南宋著名文学家洪迈在其所著的《容斋随笔》中提到人生五计“生计、身计、家计、老计、死计”，他认为人生各个阶段应完成不同的任务。结合现代职业生涯发展理论，我们可以把这五计概括描述为以下内容。

3. 职业生涯规划的意义

职业生涯规划的意义	
职业生涯规划可以帮助我们明确发展目标	
职业生涯规划可以帮助我们扬长补短	
职业生涯规划可以帮助我们提高执行力	

议一议

1. 大国工匠　时代楷模

2008 年，荣彦明进入首钢京唐钢铁公司，成为一名轧钢工。多年来，他从一名普通的操作工成长为全国技术能手、全国劳动模范。入职当年，正赶上首钢京唐 2250 热轧生产线建设，荣彦明深知，要想驾驭这条产线，勤学苦干是唯一捷径。英文不行，他从头学；操作不熟，他勤练习；50 多本专业书籍被翻遍，光学习笔记就记了 30 多本，一般需要 3 年才可以独立操作，他只用了不到 1 年。经过 8 年时间，荣彦明反复摸索提炼，终于创新出“轧钢操作法”，并编写了“无头轧制注意事项”等一系列教材。

请结合以上材料，议一议荣彦明是如何成长为“大国工匠”的？

2. 自身喜爱为基础　社会发展来助力

学习食品加工的小李从小喜欢糕点，毕业后，开了一家糕点店。但是时间长了，她发现看的人多，买的人少。于是小李开始找原因，她通过调查发现大家喜欢的糕点口味与自己的想法完全不同。她努力学习有关糕点设计和口味等方面的专业知识，跟更多的顾客交流，了解顾客的想法。最后，她结合自己家乡发展民宿的契机，制造特色糕点。先试着给自家的朋友试吃新品糕点，听取各种建议后不断修改，直到获得好评。由于她的糕点设计新颖，价格公道，质量上乘，深受顾客的喜爱，小李的生意现在越做越红火了。

请结合以上材料，谈一谈小李成功的原因。

活动演练

绘一绘

职业生涯规划在于帮助个人发掘自我潜能、增强个人实力，并实现职业目标与理想。它引导个人正确认识自身的个性特质、现有与潜在的资源优势，帮助重新对自己的价值进行定位并使其持续增值。通过职业生涯规划，个人可以对自己的综合优势与劣势进行对比分析，树立明确的职业发展目标与职业理想，并评估个人目标与现实之间的差距。

◎围绕分议题：如何认识职业生涯？绘制生涯彩虹图，确定生涯发展的五个阶段和主要角色。使用彩笔等工具，绘制出一个半圆形或圆形的图形，代表一生的时间轴。在图形的外圈标注生涯发展的五个阶段，并用不同颜色表示。在图形的内圈绘制出主要角色的变化轨迹，根据角色在不同阶段的投入程度用颜色深浅表示。重点总结归纳自己职业生涯的阶段与特点，分组交流，在课堂上进行分享。

生涯彩虹图谱

辨一辨

习近平总书记2022年4月25日在中国人民大学考察调研时对当代青年提出殷切期望：希望全国广大青年牢记党的教诲，立志民族复兴，不负韶华，不负时代，不负人民，在青春的赛道上奋力奔跑，争取跑出当代青年的最好成绩！

◎围绕分议题：走进职业生涯规划。请各学习小组以“职业生涯是否需要规划”为题进行辩论赛，结合自身专业发展前景、自身特点等相关方面聊一聊职业生涯规划是否需要规划，组内合作、班内交流分享。

辩论观点分享

实践营地

社会实践任务单

<table>
<tr><td>班级</td><td></td><td>小组成员</td><td></td><td>组长</td><td></td></tr>
<tr><td>实践项目</td><td></td><td>实践方法</td><td></td><td>时间</td><td></td></tr>
<tr><td>实践目的</td><td colspan="5"></td></tr>
<tr><td>实践准备</td><td colspan="5"></td></tr>
<tr><td colspan="6">实践内容</td></tr>
<tr><td colspan="6"></td></tr>
</table>

社会实践体会

评价维度	评 价 要 求	配分	得分
政治认同	坚持马克思主义世界观和方法论，领会中国特色社会主义理论体系，特别是习近平新时代中国特色社会主义思想，增进对伟大祖国、中华民族、中华文化、中国共产党、中国特色社会主义的认同，坚持社会主义核心价值体系，自觉培育和践行社会主义核心价值观。	20	
职业精神	具有积极劳动态度和良好劳动习惯，具有正确职业理想、科学职业观念、良好职业道德和职业行为，具备理性思维、批判质疑、勇于探究的科学精神，能够正确认识和处理社会发展与个人成长的关系，并做出正确价值判断和行为选择，在社会实践中增长才干。	20	
法治意识	具有社会主义法治观念、正确的权利义务观念，尊法学法守法用法，维护宪法尊严，自觉参与社会主义法治国家建设。	20	
健全人格	具有积极心理品质和自尊自信、理性平和、积极向上的心态，能自我调节和管理情绪，做到自立自强、坚韧乐观，提高心理健康水平和职业心理素质。	20	
公共参与	具有主人翁意识，坚持以人民为中心，能够有序参与公共事务、积极承担社会责任。	20	
合 计		100	

成长回眸

我的认识：

____

____

我的提升：

____

____

我的行动：

____

____

本课评价：

评价维度	内　容	得分			
		自我评价	组长评价	生生评价	老师评价
认知与品质（30 分）	了解职业生涯的含义、阶段和特点，理解职业生涯规划的重要性。				
态度与情感（30 分）	正确认识职业生涯，理解职业生涯规划对个人发展的重要性，形成正确的职业生涯规划理念。				
运用与行动（40 分）	用正确的职业生涯规划指引自身发展，树立为实现职业理想从眼下做起、积极准备的意识。				
合计					

自我评价：优秀(90 – 100 分)　良好(75 – 89 分)　合格(60 – 74 分)　待提高(0 – 59 分)

组长评价：优秀(90 – 100 分)　良好(75 – 89 分)　合格(60 – 74 分)　待提高(0 – 59 分)

生生评价：优秀(90 – 100 分)　良好(75 – 89 分)　合格(60 – 74 分)　待提高(0 – 59 分)

老师评价：优秀(90 – 100 分)　良好(75 – 89 分)　合格(60 – 74 分)　待提高(0 – 59 分)

校外寄语：____

____

信息资讯

习言习语

实现中华民族伟大复兴是全体中华儿女的共同夙愿。两岸青年生逢其时，施展才干的舞台无比广阔，实现梦想的前景无比光明。我们欢迎台湾青年来大陆追梦、筑梦、圆梦。希望两岸青年把握历史大势，坚守民族大义，维护国家统一，勇担时代重任，坚定走两岸关系和平发展正确道路，把两岸关系发展的前途命运牢牢掌握在两岸中国人手中。

——2023 年 9 月 15 日习近平致第六届海峡两岸青年发展论坛的贺信

党和国家事业的希望寄托在青年身上。希望共青团中央深入贯彻党中央要求，切实肩负起新时代新征程党赋予的使命任务，传承弘扬优良传统，坚持改革创新，更好把青年一代团结凝聚在党的周围，为推进强国建设、民族复兴伟业接续奋斗。

——2023 年 6 月 26 日习近平在同团中央新一届领导班子成员集体谈话时的讲话

你们在信中说，走进乡土中国深处，才深刻理解什么是实事求是、怎么去联系群众，青年人就要“自找苦吃”，说得很好。新时代中国青年就应该有这股精气神。党的二十大对建设农业强国作出部署，希望同学们志存高远、脚踏实地，把课堂学习和乡村实践紧密结合起来，厚植爱农情怀，练就兴农本领，在乡村振兴的大舞台上建功立业，为加快推进农业农村现代化、全面建设社会主义现代化国家贡献青春力量。

——2023 年 5 月 1 日习近平给中国农业大学科技小院的同学们的回信

从二〇二二年到二〇三五年，现在的青年正处于学习和成长的黄金时期，从二〇三五年再到本世纪中叶，你们年富力强，将在各行各业、各个领域、各条战线担当重任。

——2022 年 4 月 25 日习近平在中国人民大学考察时的讲话

新时代是追梦者的时代，也是广大青少年成就梦想的时代。希望你们心系祖国，志存高远，脚踏实地，在奋斗中创造精彩人生，为祖国和人民贡献青春和力量。

——2022 年 2 月 24 日习近平给中国冰雪健儿的回信

推荐网站

1. 央视网。网址：https：//www. cctv. com/
2. 中国国家图书馆。网址：https：//www. nlc. cn/web/index. shtml

第二单元

认识自我　健康成长

第 3 课
发现自我　完善自我

思维导图

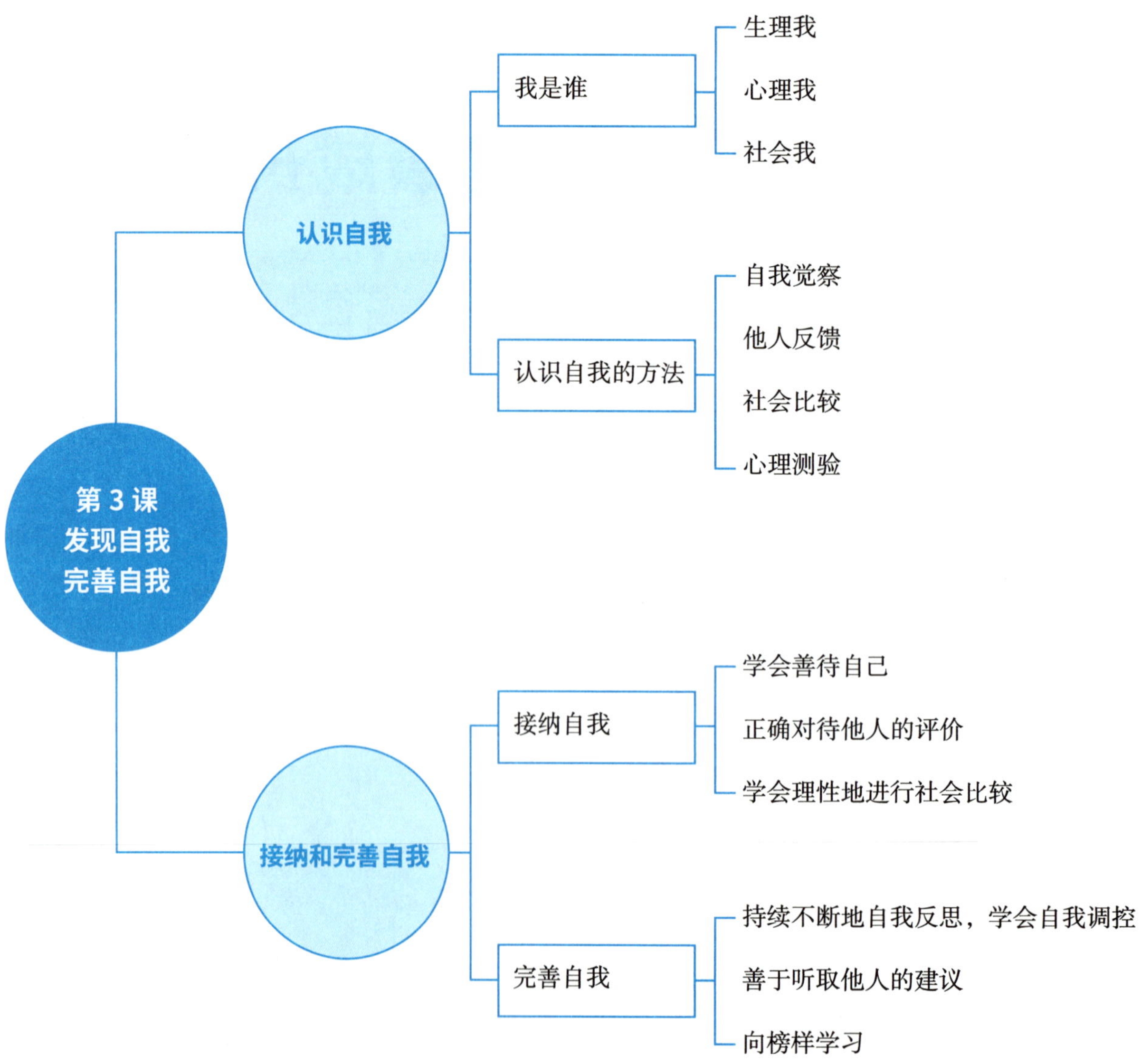

目标点击

1. 理解心理健康的标准，学会从自我评价和他人评价中，全面、客观地认识自我，正确认识自我对专业学习和职业发展的重要性。

2. 分析自己的兴趣爱好、性格特点，明确自身的优势与不足，学会接纳自我和完善自我，形成自立自强的积极心理品质。

3. 掌握认识自我的方法，学会立足社会发展和自身特点进行职业规划，形成自尊自信、理性平和、积极向上的良好心态。

自主预习

观看视频《感动中国 2021 年度人物江梦南：无声玉满堂》，初步思考总议题：为什么说人人都可以成为社会有用人才？探讨正确认识自我的重要性。

学习感悟

课堂探究

素质训练

选一选

1.（　　）是对自身兴趣、性格、能力、价值观等心理特征和心理过程的认识。

A. 生理我　　B. 心理我　　C. 社会我　　D. 职业我

2. 认识自我的方法多种多样，（　　）是对自己进行细致的观察和思考。

A. 自我觉察　　B. 他人反馈　　C. 社会比较　　D. 搜集信息

3.（　　）是个体对自我采取积极的态度，在充分、深入地认识自我的基础上，正确对待自己的优点和缺点，认可自己的想法、行为和情绪。

A. 认识自我　　B. 接纳自我　　C. 完善自我　　D. 看待自我

4.（　　）是情绪总体上积极稳定，能够有效调节情绪。

A. 自我认知恰当　　B. 情绪体验良好

C. 人际交往良好　　D. 环境适应良好

5. 孔子的“见贤思齐焉，见不贤而内自省也”指的是（　　）。

A. 认识自我　　B. 接纳自我　　C. 完善自我　　D. 看待自我

6. 既能感受到他人的支持和关爱，又能主动与他人交往并关心理解他人，指的是心理健康中的（　　）。

A. 认知效能良好　　B. 行为举止适当

C. 人际交往良好　　D. 环境适应良好

7. 李世民“夫以铜为镜，可以正衣冠；以古为镜，可以知兴替；以人为镜，可以明得失”指的是哪种自我认识的方法（　　）。

A. 搜集信息　　B. 他人反馈

C. 心理测验　　D. 自我觉察

8. 在学习、工作与生活中能够正常发挥自己的能力，包括注意、记忆、思维等能力，能够完成学习与工作任务，解决各种问题，指的是心理健康中的（　　）。

A. 认知效能良好　　B. 自我认识恰当

C. 行为举止恰当　　D. 环境适应良好

9.（　　）指的是一个人对自己的个性、能力、行为的总体评价，以及由这种评价而产生的情感体验。

A. 情绪　　B. 记忆　　C. 思维　　D. 自尊

10. “我在家里是哥哥，我是班干部”指的是（　　）。

A. 生理我　　B. 心理我　　C. 社会我　　D. 职业我

填一填

1. 请同学们阅读教材，完成填空学习内容

（1）只有________健康，个体才能应对正常的压力，富有成效地学习与工作，实现个人成长，并对国家和社会发展作出贡献。

（2）一般来说，可以从________、________和________三个不同方面来认识自我。

（3）认识自我的方法多种多样，主要有________、________、________和________。

（4）________包括善待自己、正确对待他人的评价、学会理性地进行社会比较。

（5）________，就是要坚信自己的人生目标，勇于向着自己的目标坚定前行，不断变得更好、更优秀。

2. 认识自我

认识自我的三方面	举例说明（身高、体重、性格、爱好、特长、角色等）

3. 接纳和完善自我

	接纳自我	完善自我
定义		
方法		

议一议

1. 关注心理健康　助力学生成长

云南某中学，建校至今已有2000余名毕业生考入各大学，毕业生遍布各行各业。该校不仅重视学生的升学，更注重学生的心理健康。校长、老师经常与学生交流，了解学生的思想动态，及时解决学生的心理问题，让学生在轻松愉快的学习氛围下成长，多年来学校未出现过1例心理危机事件。

请结合以上材料，议一议什么是心理健康？一所真正的好学校为什么要关心学生的心理健康？

2. 无声世界　成功突围

2021 年“感动中国年度人物”江梦南在无声世界中成功突围的故事，走进了千家万户。半岁时因药物导致失聪，在父母的帮助下，她通过读唇语学会了“听”和“说”，并凭借不懈努力，最终成为清华大学的一名博士。生活、成长、求学，每一步都是“困难模式”，她却说：“我从来没有因为听不见，就把自己看成了一个弱者。我相信自己不会比别人差。”

请结合以上材料，议一议江梦南是如何接纳自我，完善自我的？

活动演练

说一说

唐太宗李世民曾说："以人为镜，可以明得失。"这句话强调了通过观察他人的行为和态度，我们可以反观自己的不足和优点。比如，我们可以以优秀的同学为镜，学习他们的学习方法和时间管理技巧；以敬业的同事为镜，学习他们的工作态度和职业精神。在以人为镜的过程中，保持一颗谦虚的心至关重要。

◎围绕分议题：从自我评价和他人评价中，全面、客观地认识自我。开展明镜之"比"反思会，分析自己的兴趣爱好、性格特征，明确自身的优势与不足，4 人为一小组，进行分享，互相交流对自己和他人的认识。以"我是一个________的我"为格式完成卡片制作。

自我觉察分析

我是一个__________的我。

我是一个__________的我。

我是一个__________的我。

我是一个__________的我。

我是一个__________的我。

我是一个__________的我。

自我觉察分析：

做一做

我的“命运之牌”游戏通过随机分配和交换代表不同品质或特性的卡牌，让参与者反思自己的命运、价值观和潜力。每 4 人为一小组，随机由组长下发每人 4 张卡牌，卡牌上写着“聪明”“勤奋”“懒惰”“贫穷”等词汇，之后小组内随机换取卡牌。小组成员一起讨论这些卡牌组合所反映出的命运未来走向，分享自己的感受和想法。

◎围绕分议题：如何接纳自我，完善自我？记录游戏体验。换来的卡牌是你想要的吗？为什么？哪些是想要的卡牌？哪些是不想要的卡牌？剩下的牌带给你什么感受？换牌过程中印象最深的是什么？当换走不想要的卡牌时，感觉如何？当换走想要的卡牌时，感受如何？

游戏体验留言

实践营地

社会实践任务单

班级		小组成员		组长	
实践项目		实践方法		时间	
实践目的					
实践准备					
实践内容					

社会实践体会

评价维度	评 价 要 求	配分	得分
政治认同	坚持马克思主义世界观和方法论，领会中国特色社会主义理论体系，特别是习近平新时代中国特色社会主义思想，增进对伟大祖国、中华民族、中华文化、中国共产党、中国特色社会主义的认同，坚持社会主义核心价值体系，自觉培育和践行社会主义核心价值观。	20	
职业精神	具有积极劳动态度和良好劳动习惯，具有正确职业理想、科学职业观念、良好职业道德和职业行为，具备理性思维、批判质疑、勇于探究的科学精神，能够正确认识和处理社会发展与个人成长的关系，并做出正确价值判断和行为选择，在社会实践中增长才干。	20	
法治意识	具有社会主义法治观念、正确的权利义务观念，尊法学法守法用法，维护宪法尊严，自觉参与社会主义法治国家建设。	20	
健全人格	具有积极心理品质和自尊自信、理性平和、积极向上的心态，能自我调节和管理情绪，做到自立自强、坚韧乐观，提高心理健康水平和职业心理素质。	20	
公共参与	具有主人翁意识，坚持以人民为中心，能够有序参与公共事务、积极承担社会责任。	20	
合 计		100	

成长回眸

我的认识：

______

______

我的提升：

______

______

我的行动：

______

______

本课评价：

评价维度	内　容	得分			
		自我评价	组长评价	生生评价	老师评价
认知与品质（30 分）	理解心理健康的标准，学会从自我评价和他人评价中，全面、客观地认识自我，正确认识自我对专业学习和职业发展的重要性。				
态度与情感（30 分）	分析自己的兴趣爱好、性格特点，明确自身的优势与不足，学会接纳自我和完善自我，形成自立自强的积极心理品质。				
运用与行动（40 分）	掌握认识自我的方法，学会立足社会发展和自身特点进行职业规划，形成自尊自信、理性平和、积极向上的良好心态。				
合计					

自我评价：优秀（90－100 分）　良好（75－89 分）　合格（60－74 分）　待提高（0－59 分）

组长评价：优秀（90－100 分）　良好（75－89 分）　合格（60－74 分）　待提高（0－59 分）

生生评价：优秀（90－100 分）　良好（75－89 分）　合格（60－74 分）　待提高（0－59 分）

老师评价：优秀（90－100 分）　良好（75－89 分）　合格（60－74 分）　待提高（0－59 分）

校外寄语：______

______

信息资讯

习言习语

学生的理想信念、道德品质、知识智力、身体和心理素质等各方面的培养缺一不可。

——2023 年 5 月 31 日习近平在北京育英学校考察时的讲话

重视心理健康和精神卫生。深入开展健康中国行动和爱国卫生运动，倡导文明健康生活方式。

——2022 年 10 月 16 日习近平在中国共产党第二十次全国代表大会上的报告

未成年人健康成长事关国家和民族未来，事关千千万万家庭幸福安康。社区要积极开展各种公益性课外实践活动，促进未成年人身体健康、心理健康、心灵健康。

——2022 年 8 月 17 日习近平在辽宁考察时的讲话

要加大心理健康问题基础性研究，做好心理知识和心理疾病科普工作，规范发展心理治疗、心理咨询等心理健康服务。

——2016 年 8 月 20 日习近平在全国卫生与健康大会上的讲话

我们要大力发展科技事业，通过科技进步和创新，认识自我，认识世界，改造社会，使人们在持续的天工开物中更好掌握科技知识和技能，让科技为人类造福。

——2014 年 3 月 27 日习近平在联合国教科文组织总部的讲话

推荐网站

1. 中国共青团。网址：https：//www. gqt. org. cn/
2. 中国青年网。网址：https：//www. youth. cn/

第 4 课
直面挫折　积极应对

思维导图

- 第 4 课 直面挫折 积极应对
  - 认识挫折，直面困难
    - 了解挫折
      - 挫折是什么
      - 挫折反应的影响因素：挫折情境、挫折认知
    - 正视挫折
      - 挫折是生活的一部分
      - 前进道路上的各种挫折都有其独特的价值
      - 接纳挫折中无法改变的事实
  - 应对挫折，提升抗逆力
    - 面对挫折，积极应对
      - 以关怀和友善的态度对待遭遇挫折的自己
      - 积极寻找解决问题的方法
      - 积极寻求他人帮助
      - 牢记生命至上
    - 提升抗逆力，在挫折中成长
      - 抗逆力是什么
      - 确立明确的人生目标
      - 心存高远、保持乐观
      - 学会积极看待自己，照顾好自己
      - 与重要他人建立良好的关系

目标点击

1. 正确认识职业理想和现实的关系，认识生活、学习和实现职业理想过程中会遇到的挫折，能够正视挫折，将挫折视为成长的机会。

2. 面对挫折，积极应对，以关怀和友善的态度对待遭遇挫折的自己，牢记生命至上，培养热爱生活、珍爱生命和勇于担当的积极心态。

3. 掌握积极应对挫折的方法，确立明确的人生目标，学会应对挫折，提升抗逆力，在挫折中成长，养成自立自强、坚韧乐观的心理品质。

自主预习

观看视频《重载铁路货车上的电焊“花木兰”》，初步思考总议题：为什么说“艰难困苦，玉汝于成”。怎样认识挫折，直面困难，增强抗挫折能力？

学习感悟

课堂探究

素质训练

选一选

1. 挫折与以下哪些因素相关（　　）。

①挫折情境　　②挫折认知　　③挫折反应　　④挫折评价

①②③　　B. ②③④　　C. ①③④　　D. ①②④

2. 下列对待挫折的态度不正确的是（　　）。

A. 积极的视角认识挫折　　B. 怨天尤人

C. 正视挫折　　D. 直面挫折

3. 在学校中经常遇到的挫折情境是（　　）。

A. 情感问题　　B. 亲子问题

C. 就业问题　　D. 学业问题和人际冲突

4. 下列哪项不是自我悲悯的方法（　　）。

A. 自暴自弃　　B. 自我友善　　C. 普遍人性　　D. 正念

5. 以下关于自我友善的说法正确的是（　　）。

A. 孤独地承担挫折

B. 悲伤地抱怨挫折

C. 默默地接受挫折

D. 在遭遇挫折时，像对待朋友或其他所爱之人一样，以友善、关心的态度对待自己

6. 当我们遇到挫折时，可以怎样做（　　）。

①用积极主动的策略应对　　②自我悲悯

③积极寻求他人帮助　　④逃避挫折

A. ②③④　　B. ①②③　　C. ①②④　　D. ①③④

7. 下列对于遇到困难寻求他人帮助认识错误的是（　　）。

A. 寻找帮助和支持是软弱的表现

B. 每个人都要建构自己的社会支持系统

C. 遇到挫折时，要积极向家人、朋友或老师寻求帮助

D. 还可以向心理咨询师等专业人士求助

8. 歌词“不经历风雨，怎么见彩虹，没有人能随随便便成功”告诉我们什么道理（　　）。

A. 风雨之后见彩虹

B. 温室里的花朵不能经历风雨

C. 挫折教育很重要，勇敢战胜挫折的人才能成功

D. 挫折对我们的打击很大

9. 怎样提升抗逆力（　　）。

①确立明确的人生目标　　②心存高远、保持乐观

③积极看待自己、照顾好自己　　④学会独立、独自面对挫折

A. ①②③　　B. ①②④　　C. ②③④　　D. ①③④

10. 齐白石，中国近现代书画家、书法篆刻家。贫苦农民家庭出身的齐白石，家境十分穷困潦倒，8 岁时才读书，但是仅仅上了半年私塾，就辍学了。之后，他的生活就是砍柴、放牛、种田等，什么活都干过，什么苦都吃过。尽管生活很苦，但是他仍然刻苦地自学，时常因为读书而忘记了回家。由于家庭条件太差，齐白石 27 岁时才开始学画画，但却做到大器晚成，能够青史留名。齐白石的案例告诉我们什么道理（　　）。

A. 人生难免有挫折

B. 必须经历挫折后才能成功

C. 只有坚持不懈，不被挫折打倒才能获得成功

D. 挫折一定孕育着成功

填一填

1. 请同学们阅读教材，完成填空学习内容

（1）当人们有________有________的活动遭到阻碍或失败时，就会产生____________。

（2）一般来说，挫折与____________、____________和____________相关。

（3）面对挫折，不同的人有不同的挫折反应。用________________认识挫折，有助于我们正视挫折、积极应对。

（4）对于挫折中能改变的因素，比如自己的目标、心态、行动方式等，要________寻求改变的方法。

（5）抗逆力，指个体在面对____________、____________或____________等压力情境时的有效适应能力。

2. 请你写出自己最近遇到的困难或挫折，思考可以从哪些积极视角看待它们？并列出应对方法

困难或挫折	积极视角	应对方法

3. 提升抗逆力

序号	方法	具体内容
1		
2		
3		
4		

议一议

1. 角色转换　适应环境

进入中等职业学校一年级学习的小王感觉在这里与中学有很大的区别，中学学习是打基础，偏重知识学习，而中等职业学校却是更看重实际能力的培养。这使他在刚入校时很不适应，难以找到学习的方法，产生挫败感。

结合以上材料，与同学讨论，小王应该怎样面对目前的困境？

2. 自我完善　笃行致远

小张的梦想是未来成为一名合格的城市轨道交通驾驶员。为此，他选择了相关的中等职业学校的城市轨道交通驾驶专业，准备认真学习专业知识，有朝一日实现理想。他对照未来职业要求的职业素养，发现自己在实践能力、心理素质方面有待提高。

请结合以上材料，议一议小张该如何提升自我，适应未来职业需要？

活动演练

做一做

北宋著名文学家苏轼，号东坡居士，一生坎坷，先后经历了入狱、被贬、丧妻、再被贬等，可谓命途多舛。但他却以乐观豁达的态度面对一切困难和挑战。在苏轼的诗词中，我们可以看到他即使身处困境，也能以幽默诙谐的笔触化解忧愁，不消沉、不怨恨，继续创作，并积极进行文化传播。这种积极乐观精神，使他的诗词具有了独特的魅力和深邃的思想内涵，成为了后世传颂的佳话，激励着一代又一代人不断前行、勇于追求自己的梦想和信仰。

◎围绕分议题：如何面对挫折？召开诗歌朗诵会，搜寻苏轼的诗句，并对诗词创作背景及词意内涵进行解析，写成诗歌朗诵文稿。大声朗诵感受苏轼的积极乐观，旷然豁达的人生态度，小组内分享后推选最优者在班里进行朗诵。

诗歌朗诵文稿

说一说

每个人在成长的过程中都会经历困难和挫折，李明是一名中职生，学习机械维修专业。一次技能竞赛的失败，让他深感挫败，几乎放弃。但班主任指着一只正在努力挣脱茧壳的蝴蝶说：“看，那只蝴蝶正经历着它生命中最重要的蜕变。每一次挣扎，都是对自我的超越，是对未来的渴望。”班主任的话像一束光，穿透了李明心中的阴霾。他重拾信心，刻苦练习，最终在下一次竞赛中脱颖而出，荣获一等奖。这次经历让他明白，挫折是成长的催化剂，他已成功“破茧成蝶”。

◎围绕分议题：怎样提升抗逆力？举办“成就出彩人生沙龙”，每位同学写出自己在求学、生活乃至梦想追求中遇到的挫折经历，分享走出困境、应对挫折的方法和智慧，不断提升自己的抗逆力，成就属于自己的出彩人生。

应对挫折方法

实践营地

社会实践任务单

班级		小组成员		组长	
实践项目		实践方法		时间	
实践目的					
实践准备					
实践内容					

社会实践体会

评价维度	评　价　要　求	配分	得分
政治认同	坚持马克思主义世界观和方法论，领会中国特色社会主义理论体系，特别是习近平新时代中国特色社会主义思想，增进对伟大祖国、中华民族、中华文化、中国共产党、中国特色社会主义的认同，坚持社会主义核心价值体系，自觉培育和践行社会主义核心价值观。	20	
职业精神	具有积极劳动态度和良好劳动习惯，具有正确职业理想、科学职业观念、良好职业道德和职业行为，具备理性思维、批判质疑、勇于探究的科学精神，能够正确认识和处理社会发展与个人成长的关系，并做出正确价值判断和行为选择，在社会实践中增长才干。	20	
法治意识	具有社会主义法治观念、正确的权利义务观念，尊法学法守法用法，维护宪法尊严，自觉参与社会主义法治国家建设。	20	
健全人格	具有积极心理品质和自尊自信、理性平和、积极向上的心态，能自我调节和管理情绪，做到自立自强、坚韧乐观，提高心理健康水平和职业心理素质。	20	
公共参与	具有主人翁意识，坚持以人民为中心，能够有序参与公共事务、积极承担社会责任。	20	
合　计		100	

成长回眸

我的认识：

____

____

我的提升：

____

____

我的行动：

____

____

本课评价：

评价维度	内　容	得分			
		自我评价	组长评价	生生评价	老师评价
认知与品质（30 分）	正确认识职业理想和现实的关系，认识生活、学习和实现职业理想过程中会遇到的挫折，能够正视挫折，将挫折视为成长的机会。				
态度与情感（30 分）	面对挫折，积极应对，以关怀和友善的态度对待遭遇挫折的自己，牢记生命至上，培养热爱生活、珍爱生命和勇于担当的积极心态。				
运用与行动（40 分）	掌握积极应对挫折的方法，确立明确的人生目标，学会应对挫折，提升抗逆力，在挫折中成长，养成自立自强、坚韧乐观的心理品质。				
合计					

自我评价：优秀（90－100 分）　良好（75－89 分）　合格（60－74 分）　待提高（0－59 分）

组长评价：优秀（90－100 分）　良好（75－89 分）　合格（60－74 分）　待提高（0－59 分）

生生评价：优秀（90－100 分）　良好（75－89 分）　合格（60－74 分）　待提高（0－59 分）

老师评价：优秀（90－100 分）　良好（75－89 分）　合格（60－74 分）　待提高（0－59 分）

校外寄语：______________________________

____

信息资讯

习言习语

前行路上，有风有雨是常态。一些企业面临经营压力，一些群众就业、生活遇到困难，一些地方发生洪涝、台风、地震等自然灾害，这些我都牵挂在心。大家不惧风雨、守望相助，直面挑战、攻坚克难，我深受感动。辛勤劳作的农民，埋头苦干的工人，敢闯敢拼的创业者，保家卫国的子弟兵，各行各业的人们都在挥洒汗水，每一个平凡的人都作出了不平凡的贡献！人民永远是我们战胜一切困难挑战的最大依靠。

——2023 年 12 月 31 日习近平主席 2024 年新年贺词

我牵挂受灾的地方。在咱们中国，人民群众遇到困难，还是要发挥我们社会主义优越性，就是一方有难，八方支援，国家全力支持。希望救灾重建工作圆满顺利。

——2023 年 9 月 8 日习近平总书记赴黑龙江看望慰问受灾群众时的讲话

人类历史告诉我们，越是困难时刻，越要坚定信心。矛盾并不可怕，正是矛盾推动着人类社会进步，任何艰难曲折都不能阻挡历史前进的车轮。面对重重挑战，我们绝不能丧失信心，犹疑退缩，而是要坚定信心，激流勇进。

——2022 年 4 月 21 日习近平出席博鳌亚洲论坛年会开幕式上的主旨演讲

“天行健，君子以自强不息。”一个民族之所以伟大，根本就在于在任何困难和风险面前都从来不放弃、不退缩、不止步，百折不挠为自己的前途命运而奋斗。

——2020 年 9 月 8 日习近平总书记在全国抗击新冠肺炎疫情表彰大会上的讲话

企业家要带领企业战胜当前的困难，走向更辉煌的未来，就要在爱国、创新、诚信、社会责任和国际视野等方面不断提升自己，努力成为新时代构建新发展格局、建设现代化经济体系、推动高质量发展的生力军。

——2020 年 7 月 21 日习近平总书记在企业家座谈会上的讲话

推荐网站

1. 人民网。网址：http：//www. people. com. cn/
2. 求是网。网址：http：//www. qstheory. cn/

第 5 课
认识情绪　管理情绪

思维导图

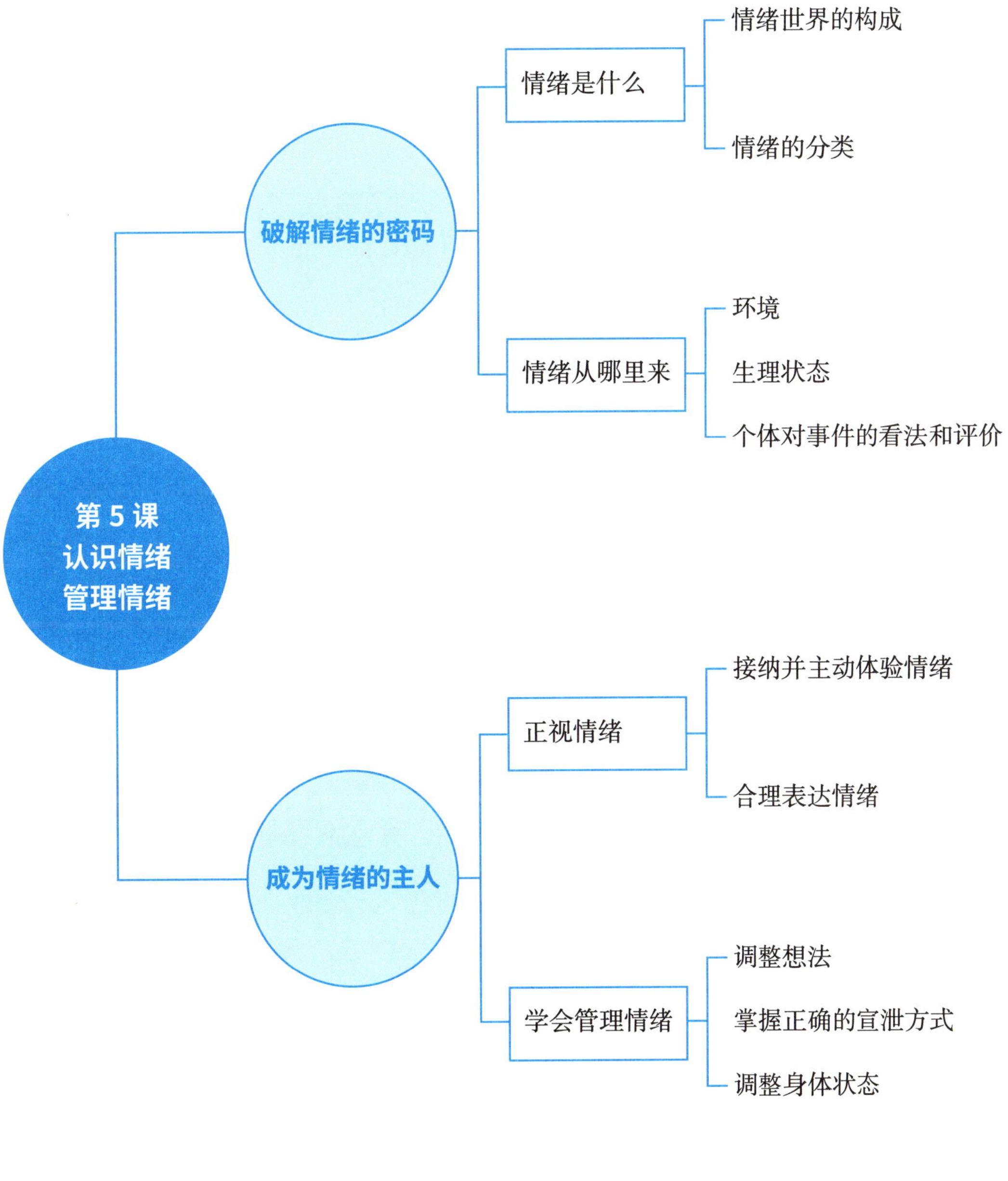

目标点击

1. 懂得情绪的构成和分类，辨析情绪的基本特征和成因，理解情绪的功能，认识自己的情绪状态。

2. 掌握合理的情绪表达方式与管理策略，理解调节情绪、管理情绪与健康成长的关系。

3. 掌握合理的情绪调节方法，提高情绪管理能力，做理性平和、自信乐观的人；学会接纳、体验情绪，掌握正确的宣泄方式，促进身心健康发展。

自主预习

观看视频：2024 央视春晚相声《导演的“心事”》节选，初步思考总议题：如何做情绪的主人？探讨合理的情绪表达方式与管理策略。

学习感悟

课堂探究

素质训练

选一选

1. 下面有关情绪的表述错误的是（　　）。

A. 根据愉悦度，情绪通常可以分为正性情绪和负性情绪

B. 根据生理激活水平不同，情绪有不同的强度之分

C. 无论是正性情绪还是负性情绪，对人类都具有独特作用

D. 正性情绪使人心情舒畅，能提高学习、工作的效率，也是维系和谐人际关系的纽带，所以我们要保持强烈和持久的正性情绪

2. 以下有关情绪的功能表述错误的是（　　）。

A. 情绪是个体适应生存和发展的一种重要方式。比如，环境中的危险信号让个体产生战斗或逃避反应，可以帮助人们战胜或逃离危险

B. 情绪是动机系统的基本成分，能够激发和维持个体的行为，并影响行为的效率。比如，自豪、感激、内疚等情绪，能够引导我们良好的道德行为

C. 情绪是心理活动的组织者，能够影响其他心理过程，如注意记忆、思维和决策。一般来说，正性情绪和负性情绪都对活动起推动和促进作用

D. 情绪是一种人在交流中传递的重要信号。通过身体姿势、面部表情、语气声调等情绪外部表现，我们可以知道他人的感受，也可以把自己的感受有效传递给他人。情绪交流有助于人与人之间建立和维持关系

3.《黄帝内经》中有喜伤心、怒伤肝、忧伤肺、恐伤肾、思伤脾的记载，这启示我们（　　）。

①情绪与人的身心健康有关　　②要积极主动调控情绪

③喜怒哀乐是人之常情　　④同一情绪对人的影响相同

A. ①②　　B. ①④　　C. ②③　　D. ③④

4. 下面这段对话说明（　　）。

甲："你的头发怎么一天比一天少？"
乙："因为我每天都在忧虑。"
甲："忧虑什么呢？"
乙："我的头发一天比一天少！"

A. 忧虑会使人掉头发
B. 情绪不可调节
C. 持续负面情绪会危害我们的身心健康
D. 适度的负面情绪，可以帮助我们适应突发事件

5. 下面需要及时调整的不合理的信念有（　　）。
A. 全面客观地看待事件，不只看到事件的消极面
B. 认识到人是多面的，是会发展变化的
C. 不能因为一件事或一次失败就否定自己或他人
D. 别人对自己的看法是一成不变的

6. "让悲伤变成快乐，让自卑换上新装，即使是在最绝望的时候，你依然能看到希望的曙光"这表明（　　）。
A. 情绪变幻莫测　　B. 人不会产生负面情绪
C. 要做自己情绪的主人　　D. 人无法驾驭自己的情绪

7. 不合理的信念往往会导致情绪的困扰。常见的不合理信念包括（　　）。
①只注意事件的消极面　　②夸大负面后果
③认为某事物必定发生或不会发生　　④相信塞翁失马，焉知非福
A. ①②③　　B. ④　　C. ①②③④　　D. ③④

8. 通常，中职阶段的学生每天的睡眠时间应达到（　　）小时。长期睡眠不足会使人精神萎靡，注意力不集中，记忆力下降，也更容易感到烦躁、焦虑或情绪低落。
A. 6　　B. 7　　C. 8　　D. 9

9. 在经历强烈情绪时，适度宣泄可以降低情绪的强度，宣泄的方式多种多样，以下做法错误的是（　　）。
A. 把心中的不快、郁闷、困惑等向亲人、朋友、老师或专业人员倾诉，以减轻自己的心理负担，得到安慰和建议
B. 可以把自己经历的情绪事件记录下来，通过书面文字来表达自己的情绪
C. 可以用诗词、美术和音乐作品等纾解情绪
D. 可以大喊大叫，伤人伤物

10. 为保证良好的睡眠，正确的做法有（　　）。
①创设舒适的睡眠环境　　②保持健康规律的生活　　③坚持运动
④如果出现睡眠问题，应寻求专业帮助，不要自行盲目服药
⑤可以自行服用助眠药物
A. ①③④⑤　　B. ①②③④　　C. ①②③④⑤　　D. ②③④

填一填

1. 请同学们阅读教材，完成填空学习内容

（1）主观体验、____________和____________三者共同构成了我们丰富的情绪世界。

（2）一般来说，情绪具有适应、____________、组织和____________等功能。

（3）情绪是人和环境相互作用的产物。情绪的产生和变化既受到环境因素的影响，也受到______________________的影响。

（4）情绪 ABC 理论认为，____________只是引起人的情绪及行为结果（C）的间接原因，人对事件所持的信念（B）才是引起人的情绪及行为结果（C）的直接原因。

（5）每个人都可以积极主动地管理自己的情绪。可以通过______________来改变负性情绪，通过正确的方式来适度宣泄，也可以通过______________________来提升正性情绪。

2. 破解情绪密码，成为情绪的主人

情绪是什么	
情绪从哪里来	
成为情绪的主人	

3. 寻找适合自己的管理情绪方法，填写下表

日期	事件	身体有什么样的感觉	有哪些情绪感受	有什么样的想法	是怎样管理情绪的
周日					
周一					
周二					
周三					
周四					
周五					
周六					

议一议

1. 同事儿　不同解

小王和小孔是同班同学。

一天，他们与班长偶遇，但班长没有同他们打招呼，而是直接走过。小王不禁心中起疑：“是不是因为上次顶撞了班长，他今天故意的？以后会不会找我麻烦？”这样的想法让小王感到担忧。而小孔对此并不在意，他认为：“班长或许有急事，一会儿去看看班长是否需要帮助。”

又一天，实践课程结束，老师留下小王和小孔多练习了一会儿操作技能。小王觉得老师有意针对自己，于是开始讨厌老师，讨厌实践课程。小孔却认为老师是在帮助自己，于是小孔更加感激老师，并决定好好练习，后续准备参加专业比赛。

请大家结合以上材料，运用情绪 ABC 理论分析，同样的事件不同的信念，可能产生的情绪及行为结果不同。探讨如何通过改变想法来改善情绪体验。

2. 放下不合理信念　提高情绪管理能力

小郭连续两次请同学帮忙，结果都被拒绝了。于是小郭认为自己是个不受欢迎的人，身边没有朋友，同学们都不喜欢自己，进而觉得自己做人很失败。由此小郭情绪低落了起来，连续一周都低头走路，表情凝重，闷闷不乐，甚至晚上入睡都有些困难。

请结合以上材料，谈一谈怎样帮助小郭改变不合理的信念，寻找正确的宣泄方式，调整身体状态，提高其情绪管理能力，走出情绪困境，做理性平和、自信乐观的人。

活动演练

做一做

情绪 ABC 理论是由心理学家阿尔伯特·艾利斯创立的，其核心观点是：我们的情绪（C）不是由外部事件（A）直接决定的，而是由我们对这些事件的信念、想法、解释和评价（B）所触发的。例如中职生李明参加专业职业技能大赛，进入了大赛的决赛阶段，李明发现比赛难度超出预期。信念 B1（初始）："太难了，我就是个失败者。"情绪 C1：李明因此感到极度压力和焦虑，影响了他的准备和表现。在老师和同学的帮助下，李明调整了自己的信念。信念 B2（调整后）："这是一次学习和成长的机会，无论结果如何，都是宝贵的经验。"情绪 C2：李明的情绪变得积极和自信，他能够更加专注于准备比赛，并在比赛中表现出色。

◎围绕分议题：情绪从哪里来？请大家面对当前情况，以"角色扮演"的方式，创作演绎同学们不同的想法和做法，体悟情绪 ABC 理论，并请制作"情绪 ABC 理论"解析卡片。

情绪解析卡片

聊一聊

管理自己的情绪，并成为情绪的主人，可以使人在顺境中保持理性平和的心态，也有助于人在逆境中及时调整好心态，对未来保持乐观的期望。让我们以一种轻松而富有启发性的方式，与“情绪客人”聊一聊，这个“情绪客人”代表了你的一种情绪，比如焦虑、紧张或是兴奋等。通过这样的对话，你可以与自己的情绪建立一种更加积极和健康的关系，学会如何更好地管理和应对它们。

◎围绕分议题：如何成为情绪的主人？在接下来的一周里，开展与我的“情绪客人”聊一聊活动，大家好好接待到访你家的“情绪客人”，与“情绪客人”谈谈心，交交朋友，记录自己与情绪的对话，以此认识、接纳自己的情绪状态，探寻适合自己的情绪管理方法，提高情绪管理能力，做理性平和、自信乐观的人，促进身心健康发展。

我与情绪对话

实践营地

社会实践任务单

<table>
<tr><td>班级</td><td></td><td>小组成员</td><td></td><td>组长</td><td></td></tr>
<tr><td>实践项目</td><td></td><td>实践方法</td><td></td><td>时间</td><td></td></tr>
<tr><td>实践目的</td><td colspan="5"></td></tr>
<tr><td>实践准备</td><td colspan="5"></td></tr>
<tr><td colspan="6">实践内容</td></tr>
<tr><td colspan="6"></td></tr>
</table>

社会实践体会

评价维度	评　价　要　求	配分	得分
政治认同	坚持马克思主义世界观和方法论，领会中国特色社会主义理论体系，特别是习近平新时代中国特色社会主义思想，增进对伟大祖国、中华民族、中华文化、中国共产党、中国特色社会主义的认同，坚持社会主义核心价值体系，自觉培育和践行社会主义核心价值观。	20	
职业精神	具有积极劳动态度和良好劳动习惯，具有正确职业理想、科学职业观念、良好职业道德和职业行为，具备理性思维、批判质疑、勇于探究的科学精神，能够正确认识和处理社会发展与个人成长的关系，并做出正确价值判断和行为选择，在社会实践中增长才干。	20	
法治意识	具有社会主义法治观念、正确的权利义务观念，尊法学法守法用法，维护宪法尊严，自觉参与社会主义法治国家建设。	20	
健全人格	具有积极心理品质和自尊自信、理性平和、积极向上的心态，能自我调节和管理情绪，做到自立自强、坚韧乐观，提高心理健康水平和职业心理素质。	20	
公共参与	具有主人翁意识，坚持以人民为中心，能够有序参与公共事务、积极承担社会责任。	20	
合　计		100	

成长回眸

我的认识：

我的提升：

我的行动：

本课评价：

评价维度	内 容	得分			
		自我评价	组长评价	生生评价	老师评价
认知与品质（30 分）	懂得情绪的构成和分类，辨析情绪的基本特征和成因，理解情绪的功能，认识自己的情绪状态。				
态度与情感（30 分）	掌握合理的情绪表达方式与管理策略，理解调节情绪、管理情绪与健康成长的关系。				
运用与行动（40 分）	掌握合理的情绪调节方法，提高情绪管理能力，做理性平和、自信乐观的人；学会接纳、体验情绪，掌握正确的宣泄方式，促进身心健康发展。				
合计					

自我评价：优秀（90－100 分） 良好（75－89 分） 合格（60－74 分） 待提高（0－59 分）

组长评价：优秀（90－100 分） 良好（75－89 分） 合格（60－74 分） 待提高（0－59 分）

生生评价：优秀（90－100 分） 良好（75－89 分） 合格（60－74 分） 待提高（0－59 分）

老师评价：优秀（90－100 分） 良好（75－89 分） 合格（60－74 分） 待提高（0－59 分）

校外寄语：

信息资讯

习言习语

加强社会心理服务体系建设，培育自尊自信、理性平和、积极向上的社会心态。

——2017 年 10 月 18 日习近平在中国共产党第十九次全国代表大会上的报告

青年的人生之路很长，前进途中，有平川也有高山，有缓流也有险滩，有丽日也有风雨，有喜悦也有哀伤。心中有阳光，脚下有力量，为了理想能坚持、不懈怠，才能创造无愧于时代的人生。

——2016 年 4 月 26 日习近平在知识分子、劳动模范、青年代表座谈会上的讲话

要牢记“从善如登，从恶如崩”的道理，始终保持积极的人生态度、良好的道德品质、健康的生活情趣。

——2013 年 5 月 4 日习近平在同各界优秀青年代表座谈时的讲话

要历练宠辱不惊的心理素质，坚定百折不挠的进取意志，保持乐观向上的精神状态，变挫折为动力，用从挫折中吸取的教训启迪人生，使人生获得升华和超越。

——2013 年 5 月 4 日习近平在同各界优秀青年代表座谈时的讲话

无数人生成功的事实表明，青年时代，选择吃苦也就选择了收获，选择奉献也就选择了高尚。青年时期多经历一点摔打、挫折、考验，有利于走好一生的路。

——2013 年 5 月 4 日习近平在同各界优秀青年代表座谈时的讲话

推荐网站

1. 国家心理健康和精神卫生防治中心。网址：https：//ncmhc. org. cn/
2. 健康科普——北京大学第六医院。网址：https：//www. pkuh6. cn/html/news/main/106. html

第 6 课
呵护花季　激扬青春

思维导图

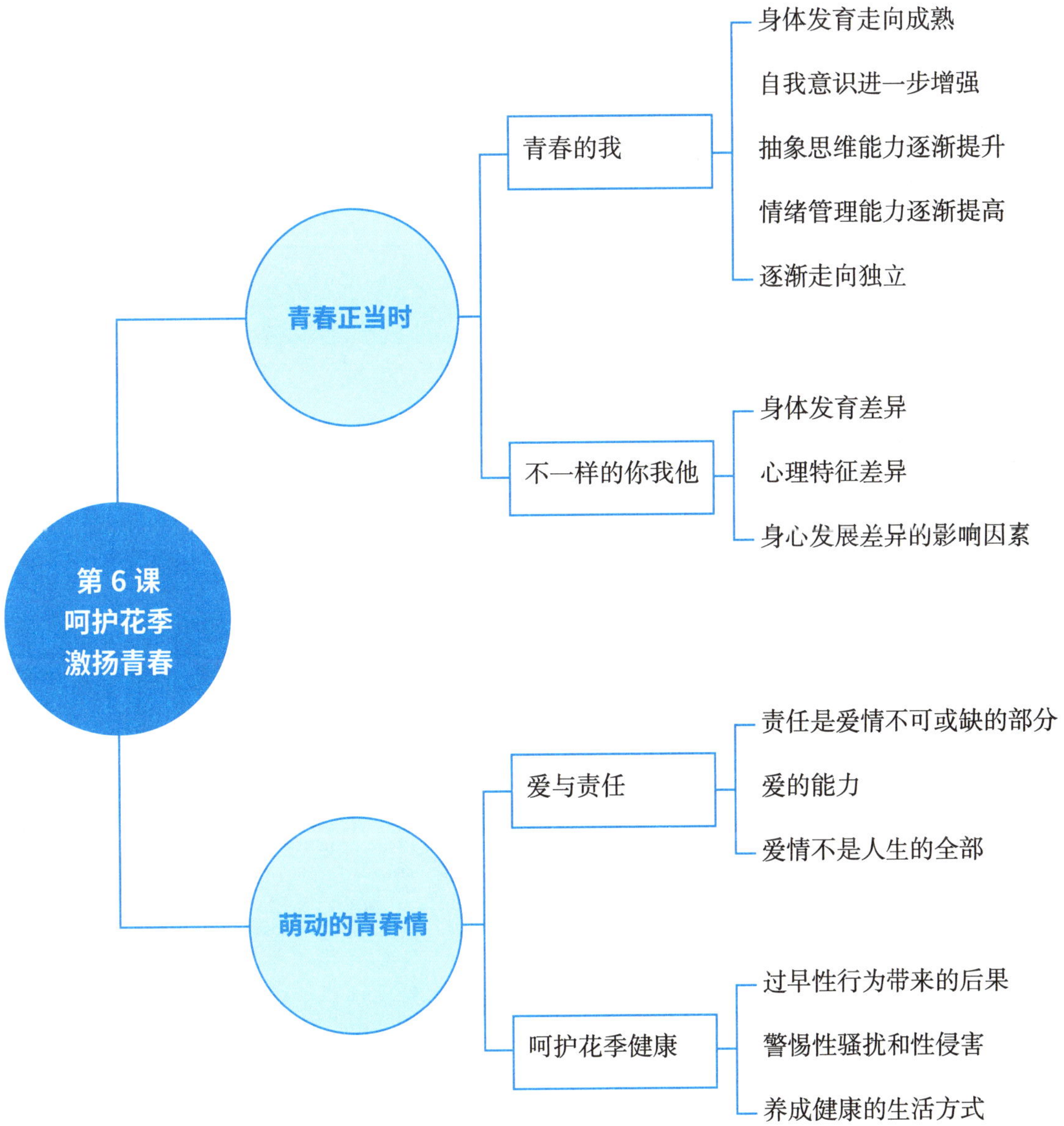

目标点击

1. 正确认识青少年身心发展的特点，掌握青春期性心理知识，能够理解、接纳和尊重个体的身心发展差异。

2. 理解爱与责任的关系，责任是爱情不可或缺的部分，形成正确的爱情观，能够理智面对和处理萌动的青春期。

3. 警惕性骚扰和性侵害，了解相关法律法规，提高自我防护能力，养成健康向上的生活方式。

自主预习

观看视频《理解青春期　走近青少年》，初步思考总议题：你有哪些青春期成长的烦恼？探讨青春期的心理特征与性心理特点。

学习感悟

课堂探究

素质训练

选一选

1. 青少年期是个体生长发育的（　　）高峰期。

A. 第一个　　B. 第二个

C. 第三个　　D. 第四个

2. 青春期生理发展的重要标志是（　　）。

A. 性机能成熟　　B. 身高突增

C. 体重增加　　D. 肌肉力量增强

3. 以下不属于青春期的心理特征的是（　　）。

A. 性发育成熟

B. 情绪体验逐渐丰富和细腻

C. 渴望得到父母和老师的理解

D. 对异性产生好奇和朦胧的依恋

4. 在青少年期，个体身体和心理的发展不包括（　　）。

A. 性机能逐渐发育成熟　　B. 自我意识进一步增强

C. 情绪管理能力逐渐提高　　D. 看待问题比较全面

5. 处于青春期的我们，时常感到烦恼、苦闷，为愉快地度过青春期，我们需要（　　）。

①了解青春期的生理和心理知识，正确认识自己的生理和心理变化

②尽量少跟他人接触，避免暴露自己的缺点和不足

③培养积极健康的兴趣爱好

④为避免冲突，尽量少和父母、老师沟通

A. ①②　　B. ①③　　C. ②④　　D. ①④

6. 以下关于爱情的表述，正确的是（　　）。

①拥有美好的爱情离不开责任，也离不开爱的能力

②拥有爱情就是拥有了人生的全部

③要先自立自强自爱，才能有爱的能力

④在学生时代，爱情是非常美好和重要的

A. ①②③　　B. ①③④　　C. ①②④　　D. ②③④

7. 下列不属于青少年异性交往的原则是（　　）。

①友情、恋爱　　②公开、适度

③单独、排他　　④公开、集体

A. ①②③　　B. ①③④　　C. ②③④　　D. ①②④

8. 小楠发现自己最近对班上的一位男生有不一样的感觉，总是忍不住去关注他，想引起他的注意，看到他和班里女生聊天还会不开心，为此她感到很苦恼。你认为小楠应该采取的正确应对方式为（　　）。

A. 大胆表白，积极追求自己所爱

B. 青春，就要敢爱敢恨，谈一场浪漫的恋爱

C. 提醒自己现在还没有爱的能力，不能过早谈恋爱，将好感放在心里

D. 可以恋爱，只要保持应有的交往尺度就可以

9. 当朋友遭遇性骚扰、性侵害时，我们应该怎样做（　　）。

①鼓励并陪伴朋友向老师、家长求助或报警

②开导安慰朋友，告诉她那不是她的错

③无条件相信她，不带评判地接受她所说的任何事情

④尊重她的隐私

A. ①③④　　B. ①②④　　C. ①②③　　D. ①②③④

10. 关于呵护花季健康，以下观点正确的有（　　）。

①在青少年期出现性欲望是正常的，要注意养成健康向上的生活方式

②过早性行为会给青少年身心带来很大伤害

③青少年遭遇性骚扰、性侵害的可能性较小，不用担心

④青少年要有自我保护意识

A. ①②③　　B. ①②④　　C. ①③④　　D. ②③④

填一填

1. 请同学们阅读教材，完成填空学习内容

(1) 青春期身心变化主要有：________________，________________，抽象思维能力进一步提升、________________，逐渐走向独立。

(2) 性发育成为青少年生理发展的重要标志：________________逐渐成熟，开始具备________________。

(3) 真正的爱情，需要双方____________、____________、____________、____________以及承担相应的责任。

(4) 与异性交往时，应遵循：________________、________________等原则，避免____________________。

(5) 性骚扰是指：违背他人意愿，____冒犯或侮辱。

2. 青春期身心发展的特点

身心发展的特点	主要表现
身体发育走向成熟	
自我意识进一步增强	
抽象思维能力逐渐提升	
情绪管理能力逐渐提高	
逐渐走向独立	

3. 健康生活方式养成计划表

行为方式	具体措施和做法
积极的生活目标	
规律的作息习惯	
适度的体育运动	
均衡的营养摄入	
和谐的人际关系	
对自己健康负责的行为	
对他人健康负责的行为	

议一议

1. 我的青春我做主

15 岁的晓雯是中职一年级学生，她认为自己个子不高，相貌平平，身材微胖，因此比较自卑。她特别羡慕长得比自己漂亮的女生，跟她们在一起，感觉自己就像丑小鸭，觉得自己哪里都不如别人。前段时间，班里选拔参加市级职业技能比赛的选手，她积极准备，但却落选了。最近，她情绪比较低落，不愿参加班级活动，不愿和别人交往，对学习也提不起兴趣，为此她特别苦恼。

议一议，以上情境反映了晓雯哪些青春期的心理特点？我们怎样帮助晓雯应对青春期的困扰？

2. 守护花季健康

小磊自述：我最近喜欢上了班里的一个女生，她很漂亮、温柔，学习成绩也很好，看见她就会心跳加快，我总是默默关注着她，想找机会接近她，看到她和别的男生谈笑，还会莫名的不开心，甚至幻想着和她谈恋爱的情景……最近，经常梦到和她在一起，感觉非常甜蜜。我这是怎么了，我是不是心理出现了什么问题？

议一议，你如何看待小磊的困惑？我们应怎样应对青春期的性心理问题，守护好花季健康？

活动演练

说一说

青春是生命旅途中一个崭新的起点，是人生画卷最华美的篇章。我们身边的每个同学都是一幅独特的画，都有独特的美。“心理赞美画像”对话会，是在内心深处为他人勾勒出的一幅充满赞美之情的形象。这种画像并非实际绘制于纸上或画布上，而是以一种具体形象的方式存在于我们的心灵深处，是对他人美好品质和行为的颂扬。

◎围绕分议题：如何正确认识青少年身心发展的个体差异？分组开展“心理赞美画像”对话会，从内在品质、外在表现到个人特色等方面，真诚地赞美每一位成员，并将班里所有学生的“心理画像”张贴在班级文化墙上，形成“班级画像”。

心理赞美画像

赛一赛

青春如花，姹紫嫣红；青春如歌，美妙动听；青春如酒，芳香清醇；青春如诗，意境深远；青春如梦，绚丽多姿。青春期，是一个充满变化与挑战的阶段，也是每个人成长历程中不可或缺的一部分。这一时期，我们意气风发，未来的发展具有无限可能；这一时期我们青春萌动，也有成长的烦恼与困惑。但正是这些经历塑造了我们的性格，收获了属于我们自己的精彩与辉煌。

◎围绕分议题：如何呵护花季健康？开展“为青春护航”青春期知识抢答赛，每个同学出若干道青春期知识问答题，交给主持人。青春期知识抢答赛的内容涵盖青春期生理变化、心理健康、性心理、人际交往、法律法规等。同时，也可以结合当前社会热点和青少年关注的问题，设置相关题目。通过抢答赛活动，增强同学们对青春期相关知识的了解与掌握，提升同学们的健康素养和自我保护能力。

青春知识问答

实践营地

社会实践任务单

班级		小组成员		组长	
实践项目		实践方法		时间	
实践目的					
实践准备					
实践内容					

社会实践体会

评价维度	评 价 要 求	配分	得分
政治认同	坚持马克思主义世界观和方法论，领会中国特色社会主义理论体系，特别是习近平新时代中国特色社会主义思想，增进对伟大祖国、中华民族、中华文化、中国共产党、中国特色社会主义的认同，坚持社会主义核心价值体系，自觉培育和践行社会主义核心价值观。	20	
职业精神	具有积极劳动态度和良好劳动习惯，具有正确职业理想、科学职业观念、良好职业道德和职业行为，具备理性思维、批判质疑、勇于探究的科学精神，能够正确认识和处理社会发展与个人成长的关系，并做出正确价值判断和行为选择，在社会实践中增长才干。	20	
法治意识	具有社会主义法治观念、正确的权利义务观念，尊法学法守法用法，维护宪法尊严，自觉参与社会主义法治国家建设。	20	
健全人格	具有积极心理品质和自尊自信、理性平和、积极向上的心态，能自我调节和管理情绪，做到自立自强、坚韧乐观，提高心理健康水平和职业心理素质。	20	
公共参与	具有主人翁意识，坚持以人民为中心，能够有序参与公共事务、积极承担社会责任。	20	
合　计		100	

成长回眸

我的认识：

我的提升：

我的行动：

本课评价：

评价维度	内　容	得分			
		自我评价	组长评价	生生评价	老师评价
认知与品质（30分）	正确认识青少年身心发展的特点，掌握青春期性心理知识，能够理解、接纳和尊重个体的身心发展差异				
态度与情感（30分）	理解爱与责任的关系，责任是爱情不可或缺的部分，形成正确的爱情观，能够理智面对和处理萌动的青春期。				
运用与行动（40分）	警惕性骚扰和性侵害，了解相关法律法规，提高自我防护能力，养成健康向上的生活方式。				
合计					

自我评价：优秀(90－100分)　良好(75－89分)　合格(60－74分)　待提高(0－59分)

组长评价：优秀(90－100分)　良好(75－89分)　合格(60－74分)　待提高(0－59分)

生生评价：优秀(90－100分)　良好(75－89分)　合格(60－74分)　待提高(0－59分)

老师评价：优秀(90－100分)　良好(75－89分)　合格(60－74分)　待提高(0－59分)

校外寄语：

信息资讯

习言习语

广大青年要继承和发扬五四精神，坚定不移听党话、跟党走，争做有理想、敢担当、能吃苦、肯奋斗的新时代好青年，在推进强国建设、民族复兴伟业中展现青春作为、彰显青春风采、贡献青春力量，奋力书写为中国式现代化挺膺担当的青春篇章。

——2024 年 5 月 3 日习近平总书记五四青年节对广大青年的寄语

青春孕育无限希望，青年创造美好明天。

——2022 年 5 月 10 日习近平在庆祝中国共产主义青年团成立 100 周年大会上的讲话

希望新时代中国青年积极拥抱新时代、奋进新时代，让青春在为祖国、为人民、为民族、为人类的奉献中焕发出更加绚丽的光彩！

——2019 年 4 月 30 日习近平在纪念五四运动 100 周年大会上的讲话

广大青年要坚定理想信念，志存高远，脚踏实地，勇做时代的弄潮儿，在实现中国梦的生动实践中放飞青春梦想，在为人民利益的不懈奋斗中书写人生华章！

——2017 年 10 月 18 日习近平在中国共产党第十九次全国代表大会上的报告

有信念、有梦想、有奋斗、有奉献的人生，才是有意义的人生。当代青年建功立业的舞台空前广阔、梦想成真的前景空前光明，希望大家努力在实现中国梦的伟大实践中创造自己的精彩人生。

——2014 年 5 月 4 日习近平在北京大学师生座谈会上的讲话

推荐网站

1. 中小学心理健康教育。网址：https：//www. xljkzz. com/

第三单元

和谐交往　快乐生活

第 7 课
珍视亲情　学会感恩

思维导图

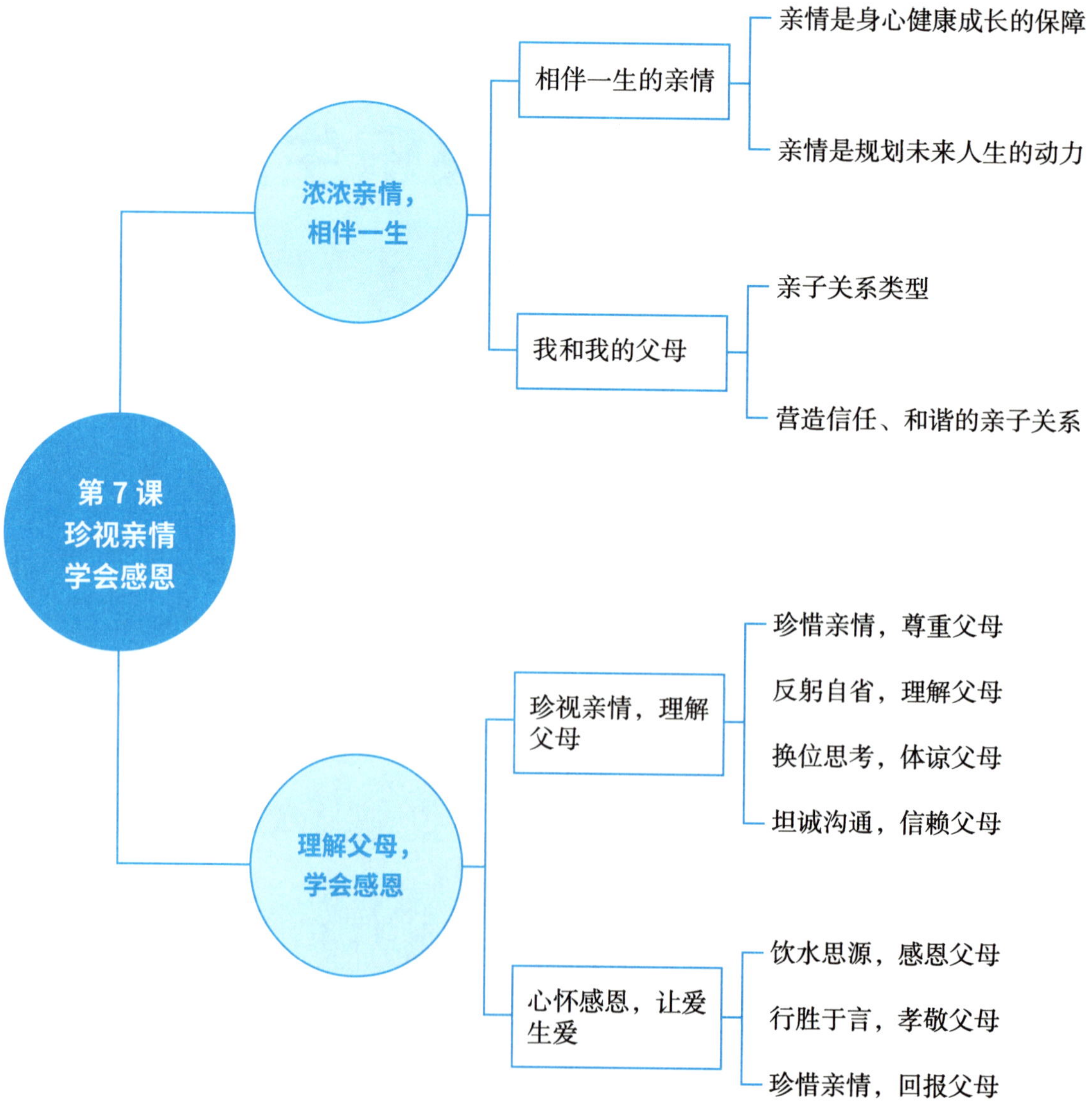

目标点击

1. 了解亲子关系的不同类型及其成因，感悟亲情对自我健康成长和未来发展的重要作用。

2. 学会理解、尊重父母和其他长辈，正确看待和处理亲子冲突，提高维系和谐亲子关系的能力。

3. 掌握感恩父母的方法，逐步养成感恩的品质，能够珍惜亲情，以实际行动感恩父母和其他长辈。

自主预习

观看视频《妈妈的唠叨你听懂了吗?》，初步思考总议题：“如何对待长辈的唠叨”？探讨如何建立和谐的亲子关系。

学习感悟

课堂探究

素质训练

选一选

1. 和谐的亲子关系需要我们（　　）。

A. 遵从父母替我们所做的所有决定　　B. 互相尊重、彼此信任、真诚沟通

C. 与父母之间不能发生任何的冲突　　D. 与父母各自坚持自己的观点立场

2. 航天英雄王亚平有一个幸福的家庭，每当她遇到压力和困惑时，总会得到家人的呵护和疏导。亲人的关心、呵护、支持，助力了她的事业。王亚平的故事给我们的启示有（　　）。

①亲人之间没有矛盾冲突　　②亲情是身心健康的保障

③家庭和谐才能成就英雄　　④亲情是我们成长的动力

A. ①②　　B. ①③　　C. ②④　　D. ③④

3. 小明觉得妈妈很烦，嫌妈妈唠叨，一出门就喊“慢点，注意安全”，一进门就问“累了吗，饿了吗”。为此母子俩没少争吵。小明和妈妈之间冲突的主要原因是（　　）。

A. 小明和妈妈之间有明显代沟　　B. 小明和妈妈没有共同价值观

C. 妈妈太“唠叨”了，多管闲事　　D. 小明和妈妈都没能换位思考

4. 父母与孩子形成最初的亲子依恋关系可分为（　　）。

①安全型　　②和谐型　　③不安全型　　④疏离型

A. ①②　　B. ③④　　C. ①③　　D. ②④

5. 不同类型亲子关系的形成原因比较复杂，与以下因素有关（　　）。

①孩子的童年经历　　②子女的个性特点　　③父母的性格特点　　④父母的教养方式

A. ①②③④　　B. ①②③　　C. ①②④　　D. ①③④

6. 亲子之间可以通过（　　）做法，化解亲子冲突、增进亲子关系。

①减少接触，避免矛盾　　②反躬自省，尊重父母

③各管各的，减少摩擦　　④换位思考，主动沟通

A. ①②　　B. ③④　　C. ①③　　D. ②④

7. 歌曲《是妈妈是女儿》引发了听众的共情和共鸣。以下是同学们对父母的表白，可以同此歌曲共情与共鸣的是（　　）。

①家是幸福的港湾，有你们真好　　②我已长大，一切请让我自己作主

③是你们给了我生命，我爱你们　　④爸妈辛苦了，我会事事顺从你们

A. ①②　B. ①③　C. ②④　D. ③④

8. 羊有跪乳之恩，鸦有反哺之情。小王同学尊敬长辈、孝敬父母，晚饭后经常陪爷爷奶奶出门散步；自己的零花钱都攒起来给家人买礼物；常常带着弟弟一起帮助父母做家务。对此，下列同学的评论符合题意的有（　　）。

①小西：孝亲敬长是中华民族的传统美德　②小南：每个家庭的亲情表现完全不同

③小敏：要用实际行动表达对父母的感恩　④小杰：礼物是表达孝心的最重要方式

A. ①②　B. ①③　C. ②④　D. ③④

9. 谁言寸草心，报得三春晖。我们对父母表达爱的方式，可以是（　　）。

①主动承担家务劳动　②与父母坦诚的沟通

③给父母笑脸和安慰　④经常陪伴照顾父母

A. ①②③　B. ①②④　C. ①③④　D. ①②③④

10. 对于父母“远程监控”的做法，你能选择的对策是（　　）。

A. 可以试着接纳父母的做法　B. 学会主动与父母交流沟通

C. 父母的监督能解决一切问题　D. 对父母的做法我们只能忍受

填一填

1. 请同学们阅读教材，完成填空学习内容

(1) 亲情与生俱来、割舍不断。亲情是＿＿＿＿＿＿＿＿的保障。亲情是＿＿＿＿＿＿＿＿的动力。

(2) ＿＿＿＿＿＿、＿＿＿＿＿＿的亲子关系是最理想的亲子关系。

(3) 父母对孩子形成最初的亲子依恋关系，分为＿＿＿＿＿＿和＿＿＿＿＿＿。但是这种关系不是＿＿＿＿＿＿＿＿，我们可以通过亲子双方＿＿＿＿＿＿、＿＿＿＿＿＿＿＿改善亲子关系。我们要＿＿＿＿＿＿＿＿、＿＿＿＿＿＿＿＿，努力营造＿＿＿＿＿＿＿＿的亲子关系。

(4) 我们与父母的亲情与生俱来、割舍不断。我们要＿＿＿＿＿＿＿＿，理解父母。珍惜亲情，＿＿＿＿＿＿＿＿；反躬自省，＿＿＿＿＿＿＿＿；换位思考，＿＿＿＿＿＿＿＿；坦诚沟通，＿＿＿＿＿＿＿＿。

(5) 羔羊跪乳，乌鸦反哺。我们要＿＿＿＿＿＿＿＿，让爱生爱。饮水思源，＿＿＿＿＿＿＿＿；行胜于言，＿＿＿＿＿＿＿＿；珍惜亲情，＿＿＿＿＿＿＿＿。

2. 我和我的父母关系类型（亲子关系类型）

亲子依恋关系类型	最理想的亲子关系	不同类型亲子关系形成原因	如何构建和谐的亲子关系
安全型依恋			
不安全型依恋			

3. 理解父母，学会感恩

观点	具体行动
珍视亲情，理解父母	
珍惜亲情，尊重父母	
反躬自省，理解父母	
换位思考，体谅父母	
坦诚沟通，信赖父母	
心怀感恩，让爱生爱	
饮水思源，感恩父母	
行胜于言，孝敬父母	
珍惜亲情，回报父母	

议一议

1. 穿环卫工作服送考的妈妈

2023 年 6 月 8 日高考结束。在河北定州，一位身穿环卫工作服的母亲在考场外等候儿子。见面后，母亲给儿子递上一瓶矿泉水，母子相拥而泣。环卫工母亲，没有穿旗袍送考，没有捧鲜花相迎，但是这一幕却感动了亿万网友。

结合事例谈谈如何看待父母的职业，我们和父母之间的关系是怎样的呢？如何维系良好的亲子关系？

2. 献给母亲最好的生日礼物

周末就是母亲的生日了，小敏同学为给母亲送个什么样的生日礼物而纠结着。送个贵点的手机或首饰，自己没有收入，生活费还是父母给的；送束鲜花，当时挺好看，过几天就蔫了，不实用；买个蛋糕，最常见，也实际，却没有创意，而且妈妈也不喜欢吃甜食。

如果你是小敏的同学，请你帮她出出主意，我们该怎样表达对父母的爱呢？

活动演练

演一演

家庭会议是一个促进家庭成员间沟通、解决问题、共同规划未来活动。即将毕业之际，小明面临继续升学、到外地就业、在本地某企业就业或创业等多种选择。为了更全面地权衡这些选择，小明组织了一次家庭会议，邀请父母一同参与讨论，通过这次会议，得到他们的宝贵建议，助力小明为自己未来的人生道路做出明智的决策。

◎围绕分议题：如何正确理解和看待亲子冲突？模拟一次家庭会议，撰写模拟家庭会议脚本，就某一个主题召开家庭会议，分别站在父母和自己的角度拟定各自的看法和建议。进行表演与大家分享，思考讨论如何对待父母的意见？谈谈亲情对你做出最终选择有什么影响？

家庭会议台词

写一写

在快节奏的现代生活中，我们往往忙于工作和学习，忽略了向最亲近的人——父母表达感激之情。通过一封手写感谢信的方式，认真思考并表达对父母的感激之情、生活感悟、成长困惑或是对未来的展望。这种深度的情感交流有助于增进双方的理解与默契，让父母更加了解子女的内心世界，也让子女更加体会到父母的辛勤付出与无私奉献。

◎围绕分议题：如何以实际行动感恩父母？举办“爱的传递：一封给父母的信”活动，信中内容包括：对父母的感激之情、成长的点滴回忆、未来的期望与承诺、日常中的小感动、感恩父母都的实际行动等，分组交流内心的情感，使同学们深刻体会到父母养育之恩的伟大。将写好的感谢信亲手交给父母，或选择邮寄的方式送达。

写给父母的信

实践营地

社会实践任务单

<table>
<tr><td>班级</td><td></td><td>小组成员</td><td></td><td>组长</td><td></td></tr>
<tr><td>实践项目</td><td></td><td>实践方法</td><td></td><td>时间</td><td></td></tr>
<tr><td>实践目的</td><td colspan="5"></td></tr>
<tr><td>实践准备</td><td colspan="5"></td></tr>
<tr><td colspan="6">实践内容</td></tr>
<tr><td colspan="6"></td></tr>
</table>

社会实践体会

评价维度	评 价 要 求	配分	得分
政治认同	坚持马克思主义世界观和方法论，领会中国特色社会主义理论体系，特别是习近平新时代中国特色社会主义思想，增进对伟大祖国、中华民族、中华文化、中国共产党、中国特色社会主义的认同，坚持社会主义核心价值体系，自觉培育和践行社会主义核心价值观。	20	
职业精神	具有积极劳动态度和良好劳动习惯，具有正确职业理想、科学职业观念、良好职业道德和职业行为，具备理性思维、批判质疑、勇于探究的科学精神，能够正确认识和处理社会发展与个人成长的关系，并做出正确价值判断和行为选择，在社会实践中增长才干。	20	
法治意识	具有社会主义法治观念、正确的权利义务观念，尊法学法守法用法，维护宪法尊严，自觉参与社会主义法治国家建设。	20	
健全人格	具有积极心理品质和自尊自信、理性平和、积极向上的心态，能自我调节和管理情绪，做到自立自强、坚韧乐观，提高心理健康水平和职业心理素质。	20	
公共参与	具有主人翁意识，坚持以人民为中心，能够有序参与公共事务、积极承担社会责任。	20	
合 计		100	

成长回眸

我的认识：

我的提升：

我的行动：

本课评价：

评价维度	内　容	得分			
		自我评价	组长评价	生生评价	老师评价
认知与品质（30 分）	了解亲子关系的不同类型及其成因，感悟亲情对自我健康成长和未来发展的重要作用。				
态度与情感（30 分）	学会理解、尊重父母和其他长辈，正确看待和处理亲子冲突，提高维系和谐亲子关系的能力。				
运用与行动（40 分）	掌握感恩父母的方法，逐步养成感恩的品质，能够珍惜亲情，以实际行动感恩父母和其他长辈。				
合计					

自我评价：优秀(90－100 分)　良好(75－89 分)　合格(60－74 分)　待提高(0－59 分)

组长评价：优秀(90－100 分)　良好(75－89 分)　合格(60－74 分)　待提高(0－59 分)

生生评价：优秀(90－100 分)　良好(75－89 分)　合格(60－74 分)　待提高(0－59 分)

老师评价：优秀(90－100 分)　良好(75－89 分)　合格(60－74 分)　待提高(0－59 分)

校外寄语：________________

信息资讯

习言习语

家庭和睦、家教良好、家风端正，子女才能健康成长，社会才能健康发展。

——2023 年 10 月 30 日习近平同全国妇联新一届领导班子成员集体谈话

家庭是人生的第一所学校，家长是孩子的第一任老师，要给孩子讲好“人生第一课”，帮助扣好人生第一粒扣子。教育、妇联等部门要统筹协调社会资源支持服务家庭教育。

——2018 年 9 月 10 日习近平在全国教育大会上的讲话

深入实施公民道德建设工程，推进社会公德、职业道德、家庭美德、个人品德建设，激励人们向上向善、孝老爱亲，忠于祖国、忠于人民。

——2017 年 10 月 18 日习近平在中国共产党第十九次全国代表大会上的报告

家风是社会风气的重要组成部分。家庭不只是人们身体的住处，更是人们心灵的归宿。家风好，就能家道兴盛、和顺美满；家风差，难免殃及子孙、贻害社会。广大家庭都要弘扬优良家风，以千千万万家庭的好家风支撑起全社会的好风气。

——2016 年 12 月 12 日习近平在会见第一届全国文明家庭代表时的讲话

中华民族自古以来就重视家庭、重视亲情。家和万事兴、天伦之乐、尊老爱幼、贤妻良母、相夫教子、勤俭持家等，都体现了中国人的这种观念。家庭是社会的基本细胞，是人生的第一所学校。不论时代发生多大变化，不论生活格局发生多大变化，我们都要重视家庭建设，注重家庭、注重家教、注重家风，紧密结合培育和弘扬社会主义核心价值观，发扬光大中华民族传统家庭美德，促进家庭和睦，促进亲人相亲相爱，促进下一代健康成长，促进老年人老有所养，使千千万万个家庭成为国家发展、民族进步、社会和谐的重要基点。

——2015 年 2 月 17 日习近平在春节团拜会上的讲话

推荐网站

1. 中国教育学会。网址：https：//www. cse. edu. cn/
2. 中国家庭教育学会。网址：http：//www. zgjjxh. org. cn/

第 8 课
良师相伴　亦师亦友

思维导图

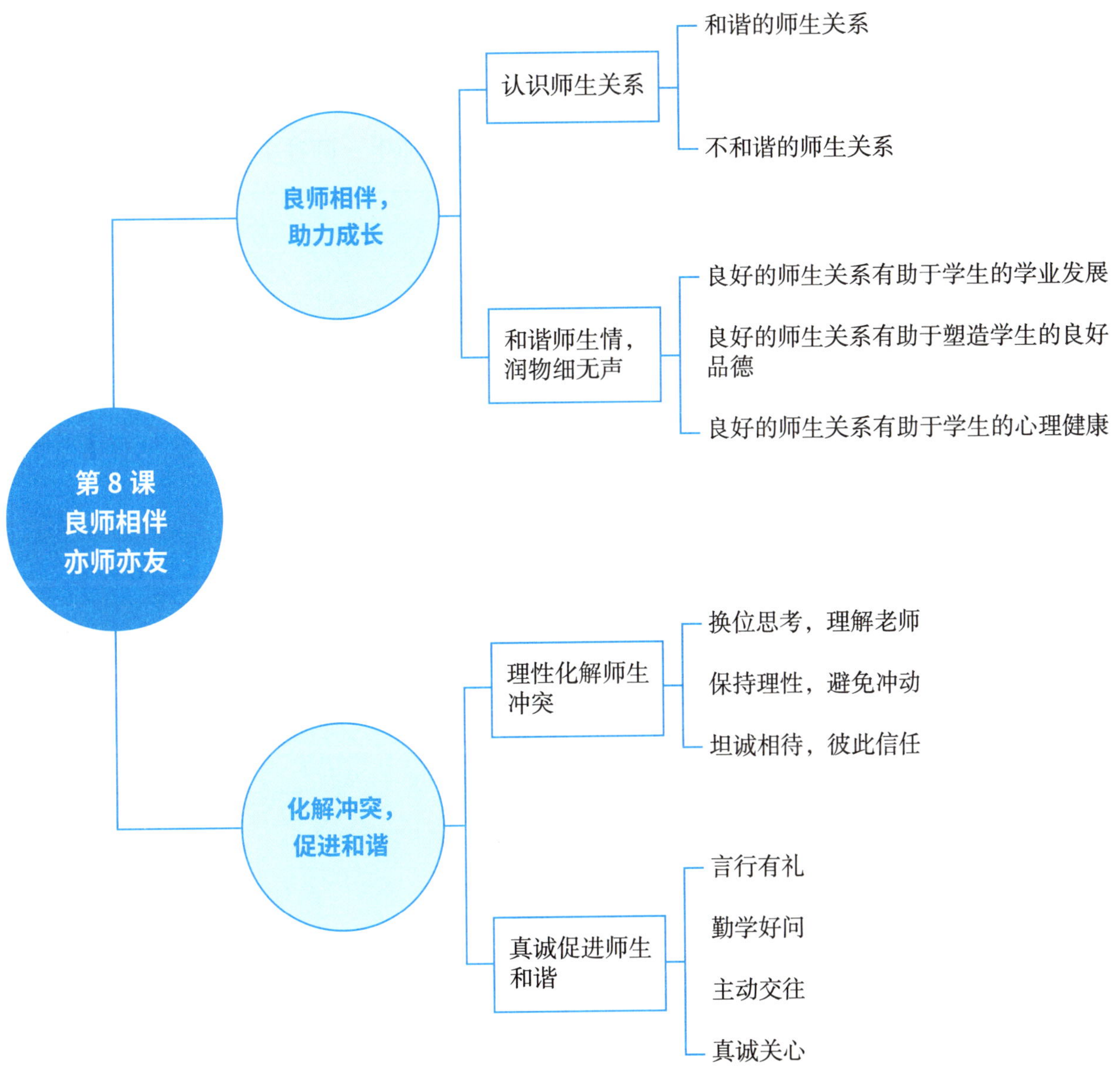

目标点击

1. 了解师生、师徒关系的不同类型，感悟和谐师生、师徒关系对自身成长和发展的重要作用。

2. 学会理性化解师生冲突、师徒冲突，提高维护和谐师生、师徒关系的能力。

3. 掌握促进师生、师徒关系和谐的方法，逐步形成和谐融洽、亦师亦友的师生、师徒关系。

自主预习

观看《教师节特别策划微视频：感念师恩》，回想在成长的过程中你印象深刻的一位老师，回顾成长过程中与老师相处的经历，初步思考总议题：探讨如何正确处理师生关系、师徒关系？探讨建立良好师生、师徒关系之道。

学习感悟

课堂探究

素质训练

选一选

1. 感恩老师，建立和谐师生关系需要我们（　　）。

①真诚对待老师和尊敬老师　②体谅、关心和帮助老师

③感激并无条件服从老师　④正确对待老师的表扬与批评

A. ①②③　B. ①②④　C. ①③④　D. ②③④

2. 良好师生关系的特征包括（　　）。

A. 尊师爱生　B. 民主平等

C. 心理相容　D. 以上都是

3. 也许你曾和老师闹过、对抗过但最后却发现，他成了你人生中不可替代的人。如同影片《老师好》让我们体会到的，原来那个管你最严的老师，爱你最深。这说明（　　）。

A. 要正确认识和理解老师的批评、教育　B. 我们要接纳不同风格的老师

C. 只有严厉的老师才是好老师　D. 好老师应该包容学生的所有错误

4. 子曰："当仁，不让于师。"（《论语·卫灵公》）孔子的这句话对我们的成长的启示是（　　）。

A. 学生可以不尊重老师　B. 弟子不必不如师

C. 仁德之事应积极为之　D. 应与老师多争论

5. "优秀，要加油哦!""徒儿，要认真看题啊""带上作业本，来办公室喝茶"……2021 年 11 月，武汉市某校陈老师用来批改作业的"花式表情包"火了。对此，学生评价："陈老师的表情包画面感十足，就好像她正站在我面前，跟我聊天。"对此理解正确的是（　　）。

①我们的学习离不开老师的引领和指导

②只有幽默风趣的老师才会受到尊重

③老师的表扬能激励我们更好地学习和发展

④在师生交往中，我们可以和老师成为朋友

A. ①②③　B. ①②④　C. ①③④　D. ②③④

6. 晓月学习非常努力，但是月考成绩并不是很理想。老师在分析成绩时，指出她学习不

够投入，为此她很是委屈。针对老师的评价晓月应该（   ）。

A. 置之不理，因为老师说的不符合实际情况

B. 拍案而起，据理力争，指出老师的错误

C. 向同学哭诉，发誓从此与老师是路人

D. 理解老师的良苦用心，做到有则改之，无则加勉

7. 3 月 8 日，某职业学校一女教师办公桌上收到很多学生的小卡片。其中一张这样写道：老师，虽然您有时候会批评我们，但我们知道批评也是一种爱，我们一定会努力学习，不惹您生气了，节日快乐！这说明（   ）。

①老师的表扬意味着肯定和期待　　②我们要主动理解、走近老师

③我们要加强与老师的沟通、交流　　④我们要正确对待老师的批评

A. ①②③　　B. ①③④　　C. ①②④　　D. ②③④

8. 有调查显示，师生关系的动态向好，会明显提高学生的自我认识、公正感、学习积极性、生活满意度，与此同时也会明显降低学生孤独感和焦虑感。这表明出（   ）。

A. 老师是人类文明的传承者，我们要尊重老师的教育

B. 经常表扬学生的老师，就会受到学生的尊重和爱戴

C. 良好的师生关系有利于学生学习的进步和健康成长

D. 在生活中老师的批评教育，我们也要学会正确对待

9.《中华人民共和国教师法（修订草案）（征求意见稿）》提出：“维护教师依法执教的职业权利，保障教师实施教育惩戒、制止学生违法违规行为、制止侵害学生合法权益行为的职权。”这是因为（   ）。

①惩戒权是教育权不可或缺的一部分

②对有不良行为的学生进行教育惩戒是育人的需要

③教育惩戒是正常的教育手段和方式，是维护课堂教学秩序的需要

④教师是人类灵魂的工程师

A. ②③④　　B. ①②④　　C. ①③④　　D. ①②③

10. “吾爱吾师，吾更爱真理！”古希腊哲学家亚里士多德与老师柏拉图的交往故事，主要体现出的良好的师生关系是（   ）。

A. 志同道合　　B. 民主平等

C. 教学相长　　D. 师道尊严

填一填

1. 请同学们阅读教材，完成填空学习内容

（1）师生双方互相________、________、________、________，形成和谐的师生关系。

（2）良好的师生关系有助于学生的________、________、________。

（3）良好的师生关系也有利于老师发挥________的作用，通过自己的________，________地塑造学生的道德品质。

（4）在与老师交往时，要把握分寸，既要________，又要________，与老师________。

（5）良好的师生关系不是一蹴而就的。我们可以用________和________获得老师的认可，通过主动交往和真诚关心拉近师生间的距离，逐渐建立起________、________的师生关系。

2. 良好师生关系的特征

良好师生关系呈现为（是什么）	良好师生关系的内涵是（怎么做）

3. 化解冲突，促进师生和谐

师生交往中的困惑	改善方法	改善后的成效

议一议

1. 崖畔的桂　雪中的梅

张桂梅，一位扎根边疆教育一线 40 余年，默默耕耘、无私奉献的教师。为了改变贫困地区女孩失学辍学现状，张桂梅在社会各界的帮助下，推动创建了一所免费招收贫困女生的高中。即便重疾缠身，每天吃着多种药物，张桂梅却依然初心不改、矢志不渝，徒步翻山越岭，走遍山区村寨，将阳光和雨露洒向孩子们的心田，为乡村女孩插上筑梦的翅膀。2021 年，张桂梅先后获得“全国脱贫攻坚楷模”和“七一勋章”荣誉称号……《感动中国》栏目曾评价她是崖畔的桂，雪中的梅！

像张桂梅老师一样，每一位坚守初心、无私奉献的老师都值得我们尊敬，和谐的师生关系对我们的成长有怎样的积极影响？

2. 难忘师恩　筑梦护航

在强烈的好奇心驱使下，刚入学的中职一年级学生小林将手伸向实训室里一台高速运转的机械，耳边已然听不到老师的警告。这时周老师一把握住了小林的手，阻止了悲剧的发生，接着就是周老师长达半小时的安全教育。这之后小林默默把周老师拉进“黑名单”，故意“唱反调”的现象时有发生。但周老师没有动辄训人的架势，有的只是真挚诚恳与平易近人的亲切。一次小林因脚踝扭伤，便和周老师说明情况，希望可以请几天假，周老师了解情况后托学生给小林送饭到宿舍，并叮嘱在宿舍休息，周老师的关怀令小林深深感动。

如小林一样，在学习过程中，师生之间难免会出现矛盾，我们应如何化解与老师之间的矛盾？

活动演练

说一说

漫长学涯，我们每个人在求学之路上都遇到过许多老师，他们有的和蔼可亲、有的兢兢业业、有的一丝不苟……他们之中哪位老师最令你难忘？我们的心中缓缓铺展开一幅温馨而深邃的画卷。这幅画不仅是对一位老师的追忆，更是对那段逝去时光的深情回望。它提醒我们，无论岁月如何更迭，那些曾经照亮我们前行道路的老师，以及那段充满挑战与收获的学涯时光，都将永远镌刻在我们的心田，成为我们人生旅途中最宝贵的财富。

◎围绕分议题：良好的师生关系对学生成长有什么积极作用？开展“和谐师生情，润物细无声——难忘师恩”活动，本班同学分成若干小组，选择在校园生活中师生相处的难忘点滴做为素材，描绘一幅“忆师图”，可配上你与老师的温馨合影，向同学介绍一位自己喜欢的老师，分享老师对自己成长的影响。这不仅是对一位难忘老师的追忆，更是对漫长学涯中那份纯真师生情谊的颂歌。

难忘师情师恩

做一做

在学校里，老师的言行和同学们的成长有直接关系。师生面对面恳谈会是一个非常有意义的交流平台，它让师生双方更深入地了解彼此的想法、期望和困扰。针对学生在学习、生活或心理等方面遇到的问题，进行直接的沟通和探讨，寻找解决方案。同时鼓励同学们表达自我，锻炼沟通能力和批判性思维，帮助老师调整教学方法，更好地适应同学们的需求。

◎围绕分议题：如何建立良好的师生关系？开展“化解冲突，促进和谐”师生面对面恳谈会，由主持人邀请思政课老师上场，教师分享自己对师生关系的理解。学生课前写出恳谈会发言稿，主要内容为化解师生冲突的案例和方法，希望从教师那里得到哪些支持和帮助。课上深入探索师生和谐的途径，鼓励大家积极发言。最后师生制定具体的行动措施，明确师生双方在促进师生和谐方面的责任和任务，共同构建和谐的师生关系。

恳谈会发言稿

实践营地

社会实践任务单

班级		小组成员		组长	
实践项目		实践方法		时间	
实践目的					
实践准备					
实践内容					

社会实践体会

评价维度	评　价　要　求	配分	得分
政治认同	坚持马克思主义世界观和方法论，领会中国特色社会主义理论体系，特别是习近平新时代中国特色社会主义思想，增进对伟大祖国、中华民族、中华文化、中国共产党、中国特色社会主义的认同，坚持社会主义核心价值体系，自觉培育和践行社会主义核心价值观。	20	
职业精神	具有积极劳动态度和良好劳动习惯，具有正确职业理想、科学职业观念、良好职业道德和职业行为，具备理性思维、批判质疑、勇于探究的科学精神，能够正确认识和处理社会发展与个人成长的关系，并做出正确价值判断和行为选择，在社会实践中增长才干。	20	
法治意识	具有社会主义法治观念、正确的权利义务观念，尊法学法守法用法，维护宪法尊严，自觉参与社会主义法治国家建设。	20	
健全人格	具有积极心理品质和自尊自信、理性平和、积极向上的心态，能自我调节和管理情绪，做到自立自强、坚韧乐观，提高心理健康水平和职业心理素质。	20	
公共参与	具有主人翁意识，坚持以人民为中心，能够有序参与公共事务、积极承担社会责任。	20	
合　计		100	

成长回眸

我的认识：

我的提升：

我的行动：

本课评价：

评价维度	内　容	得分			
		自我评价	组长评价	生生评价	老师评价
认知与品质（30 分）	了解师生、师徒关系的不同类型，感悟和谐师生、师徒关系对自身成长和发展的重要作用。				
态度与情感（30 分）	学会理性化解师生冲突、师徒冲突，提高维护和谐师生、师徒关系的能力。				
运用与行动（40 分）	掌握促进师生、师徒关系和谐的方法，逐步形成和谐融洽、亦师亦友的师生、师徒关系。				
合计					

自我评价：优秀（90 – 100 分）　良好（75 – 89 分）　合格（60 – 74 分）　待提高（0 – 59 分）

组长评价：优秀（90 – 100 分）　良好（75 – 89 分）　合格（60 – 74 分）　待提高（0 – 59 分）

生生评价：优秀（90 – 100 分）　良好（75 – 89 分）　合格（60 – 74 分）　待提高（0 – 59 分）

老师评价：优秀（90 – 100 分）　良好（75 – 89 分）　合格（60 – 74 分）　待提高（0 – 59 分）

校外寄语：

信息资讯

习言习语

老师应该有言为士则、行为世范的自觉，不断提高自身道德修养，以模范行为影响和带动学生，做学生为学、为事、为人的大先生，成为被社会尊重的楷模，成为世人效法的榜样。

——2022 年 4 月 25 日习近平在中国人民大学考察时的讲话

教师不能只做传授书本知识的教书匠，而要成为塑造学生品格、品行、品味的“大先生”。

——2016 年 12 月 7 日习近平在全国高校思想政治工作会议中的讲话

一个人遇到好老师是人生的幸运，一个学校拥有好老师是学校的光荣，一个民族源源不断涌现出一批又一批好老师则是民族的希望。

——2014 年 9 月 9 日习近平同北京师范大学师生代表座谈时的讲话

希望广大教师认清肩负的使命与责任，努力为发展具有中国特色、世界水平的现代教育，培养社会主义事业建设者和接班人作出更大贡献。

——2014 年 9 月 9 日习近平同北京师范大学师生代表座谈时的讲话

好老师要有“捧着一颗心来，不带半根草去”的奉献精神，自觉坚守精神家园、坚守人格底线，带头弘扬社会主义道德和中华传统美德，以自己的模范行为影响和带动学生。

——2014 年 9 月 9 日习近平同北京师范大学师生代表座谈时的讲话

推荐网站

1. 中华人民共和国教育部。网址：http：//www. moe. gov. cn/
2. 教师教育网。网址：http：//www. teacheredu. cn/

第 9 课
友好相处　学会合作

思维导图

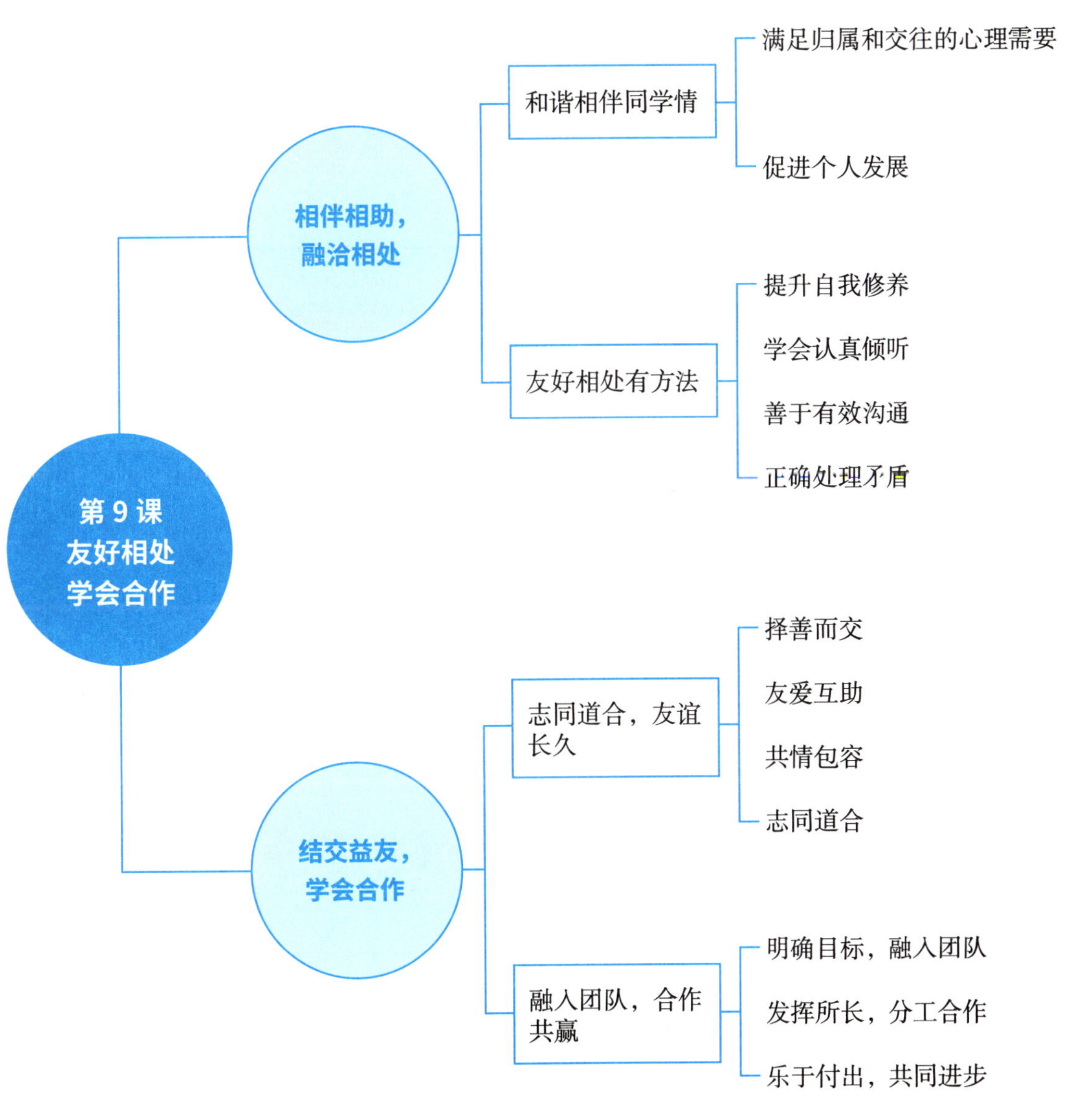

目标点击

1. 了解良好同伴关系对个体发展的积极作用，掌握与同伴友好相处的方法，理解团队合作的重要性，提高团队合作能力。

2. 感受良好同伴关系对自己发展的重要性，愿意提高同伴交往能力，认识到团队合作的必要性和重要性。

3. 将友好相处的方法运用到日常同伴交往中，学会团队合作，增强集体意识和团队意识。

自主预习

观看视频《她是全年级“团宠”》，初步思考总议题：讨论如何建立良好的同学、同伴交往关系。

观看感悟

课堂探究

素质训练

选一选

1. (　　) 是我们心理健康和个人发展的有力保障。

A. 和谐的同学关系　B. 良好的心理品质　C. 正确的人生观　D. 正确的沟通方式

2. 和谐的同学关系有助于发展我们的（　　）能力。

A. 办事　B. 社会交往　C. 决策　D. 学习

3. 同伴关系不良会影响青少年的学校适应，如学业失败、情绪失调、(　　) 等。

A. 家庭问题　B. 认识偏激　C. 问题行为　D. 人际关系不良

4. 小刘是班里的班长，为人友好热情，在班里有不少好朋友，同学们都很喜欢小刘，班内同学有矛盾，大家都喜欢找小刘来评理，也都愿意听小刘的意见。这说明小刘属于哪种同伴关系类型（　　）。

A. 受拥戴型　B. 领导型　C. 受欢迎型　D. 管理型

5. 小赵是数字艺术专业的学生，一天他的好朋友小张来找他诉说自己这次专业课考试成绩不理想的事，小赵全程认真倾听小张诉说，小张说："真的没想到我这次成绩会是这样，你说还有天理吗？我花了比平常多 1 倍的时间来复习，但最后却没有得到理想的结果，真的绷不住了。"小赵说："你的努力我看见了，这段时间你一有空就在复习，上课也认真，我能理解你现在肯定十分难受，但我相信你的努力老师也看见了，大家都会理解你的。"小赵在沟通中做到了（　　）。

A. 志同道合　B. 共情包容　C. 择善而交　D. 以己度人

6. 青少年在群体中的同伴关系类型有（　　）。

A. 受欢迎型　B. 不受欢迎型　C. 接受型　D. 特殊型

7. 友好相处的方法是（　　）。

A. 努力讨好　B. 学会认真倾听　C. 朋友说啥是啥　D. 不要有自己的想法

8. 如何维系朋友之间的友谊（　　）。

A. 趋炎附势　B. 朋友都对　C. 共情包容　D. 压抑自己

9. 团队合作的方法是（　　）。

A. 全部都给组长　　B. 消极对待

C. 乐于付出，共同进步　　D. 以我为主，唯我独尊

10. 团队合作的要素是（　　）。

A. 有共同的目标　B. 相互利用　C. 有暴力冲突　D. 重视个人得失

填一填

1. 请同学们阅读教材，完成填空学习内容

（1）学会认真倾听。认真倾听他人说话，可以让他人感受到尊重和重视，使人际关系更融洽。在倾听时需要注意细节。听他人说话，应__________、__________、__________；可以用微笑表达自己友好的态度，用点头表明对对方的认同和鼓励。

（2）正确处理矛盾。在与同学交往的过程中，还可能存在不和谐的现象。当与同学发生矛盾时，__________，__________。既从自身找原因，反思自己的言语或行为是否不当；也要换位思考，尽量体谅对方的难处。找到原因后，应主动寻求沟通。

（3）发挥所长，分工合作。团队不同于个体，团队要求成员之间分工合作，各司其职。在团队中，每个人都不可能十全十美，但是都会有自己的闪光点。团队成员需要了解自身长处，在团队任务中积极参与，发挥所长、勇于担当。团队成员__________、__________，才能__________、__________。

（4）个人的力量是有限的，只有积极__________，才能得到更好的发展。

（5）__________的实现依赖团队目标的达成，__________只有通过团队成员共同努力才能实现。

2. 团队合作要素

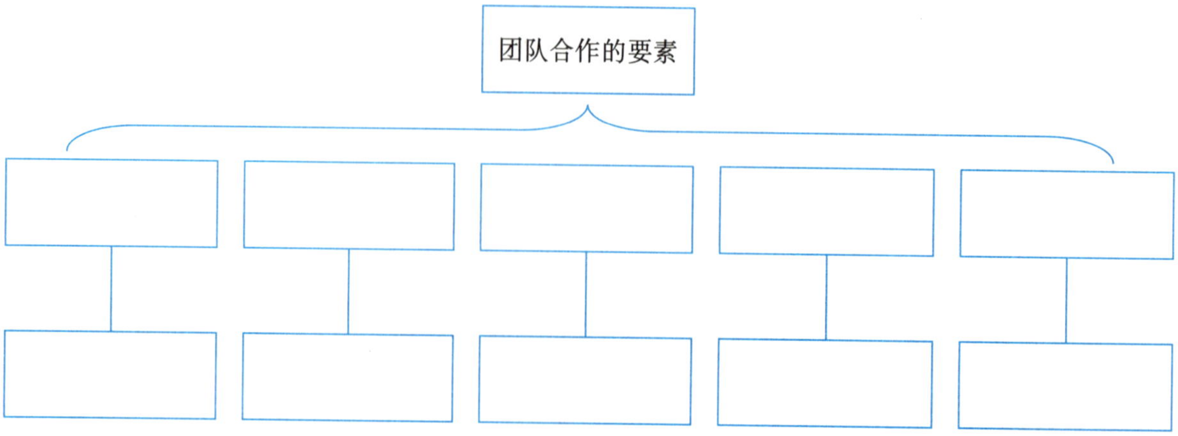

3. 同学之间友好相处我们该怎么做

友好相处的方法	具体怎么做
提升自身修养	
学会认真倾听	
善于有效沟通	
正确处理矛盾	

议一议

1. 和谐相处　小家变大家

某宿舍，在刚开学的时候，由于大家来自不同的班级，白天在不同的班级上课，生活习惯不同，产生了很多矛盾。面对宿舍的问题，宿舍长小赵召集全体室友开会，她真诚地向大家说出了自己的心声，建议今后大家都主动敞开心扉，说出彼此之间的问题。室友们纷纷响应，制定了一个宿舍公约。大家一致同意，经过大家的共同努力，室友之间相处融洽，对于宿舍的公共事务，大家要么一起做，要么抢着做。宿舍评比跃居全校前列，在学校各项比赛中获得不错成绩。

结合材料谈谈和谐的同学情带给了我们怎样的帮助？

2. 团队合作　众志成城

2023 年 7 月 17 日上午，在美国阿灵顿的大学公园中心体育馆，中国女排获得亚军。平心而论，中国女排的阵容并非毫无短板，技术发挥也并非完美无瑕。但整个女排在比赛期间都始终把冠军当作最终目标，面对种种质疑，中国女排的队员们没有退缩、没有自怨自艾。因为他们懂得，排球是集体项目，打得就是一个相互配合、互相弥补，暂时的失利反而让她们更加懂得团结的重要。

请结合以上材料，通过女排事迹谈一谈如何实现团队合作？

活动演练

演一演

在漫长而多彩的学习生涯中，我们每位同学都像是在广阔的知识海洋中航行的小船，沿途不仅收获了知识的宝藏，更邂逅了无数珍贵的友情。那么你还记得你和好朋友发生过哪些令你印象深刻的事情吗？你还记得你们是怎么成为好朋友的吗？这些友情如同夜空中最亮的星，照亮了我们前行的道路，让回忆充满了温暖与色彩。

◎围绕分议题：和谐同伴关系积极作用与如何与同伴友好相处？进行良好同学关系模拟表演。请各学习小组搜集同学间的友谊、互助、理解和包容生活场景，设计开场、发展、高潮、结尾情节，进行表演，展现同学间相互支持、共同成长。

表演情境设计

做一做

常言道，“独木难支，孤掌难鸣”，正如古语所云：“一个和尚自足饮水，两个和尚共担水源，三个和尚却无水可饮。”这深刻揭示了缺乏协作的困境。反观自然界中的智慧，“一蚁之力微薄，难撼米粒之重；双蚁协作，虽显踉跄，犹存希望；三蚁齐心，则米粒轻抬，顺利归巢”。这鲜明的对比，恰似一幅生动的画卷，展现了团结协作的非凡力量。正如那首激昂人心的歌曲所唱：“团结就是力量”，这不仅是一句口号，更是无数次实践证明的真理。

◎围绕分议题：如何打造优秀团队？开展你比我猜接力赛。各小组分为表演者和猜测者，表演者根据给出的词语进行肢体语言表演，猜测者根据观察信息说出词汇，完成一轮后，游戏进行到下一组，总分最高的组获胜。活动结束，总结归纳你比我猜接力赛收获。

接力比赛收获

实践营地

社会实践任务单

班级		小组成员		组长	
实践项目		实践方法		时间	
实践目的					
实践准备					
实践内容					

社会实践体会

评价维度	评 价 要 求	配分	得分
政治认同	坚持马克思主义世界观和方法论，领会中国特色社会主义理论体系，特别是习近平新时代中国特色社会主义思想，增进对伟大祖国、中华民族、中华文化、中国共产党、中国特色社会主义的认同，坚持社会主义核心价值体系，自觉培育和践行社会主义核心价值观。	20	
职业精神	具有积极劳动态度和良好劳动习惯，具有正确职业理想、科学职业观念、良好职业道德和职业行为，具备理性思维、批判质疑、勇于探究的科学精神，能够正确认识和处理社会发展与个人成长的关系，并做出正确价值判断和行为选择，在社会实践中增长才干。	20	
法治意识	具有社会主义法治观念、正确的权利义务观念，尊法学法守法用法，维护宪法尊严，自觉参与社会主义法治国家建设。	20	
健全人格	具有积极心理品质和自尊自信、理性平和、积极向上的心态，能自我调节和管理情绪，做到自立自强、坚韧乐观，提高心理健康水平和职业心理素质。	20	
公共参与	具有主人翁意识，坚持以人民为中心，能够有序参与公共事务、积极承担社会责任。	20	
合 计		100	

成长回眸

我的认识：

我的提升：

我的行动：

本课评价：

评价维度	内　容	得分			
		自我评价	组长评价	生生评价	老师评价
认知与品质（30 分）	了解良好同伴关系对个体发展的积极作用，掌握与同伴友好相处的方法，理解团队合作的重要性，提高团队合作能力。				
态度与情感（30 分）	感受良好同伴关系对自己发展的重要性，愿意提高同伴交往能力，认识到团队合作的必要性和重要性。				
运用与行动（40 分）	将友好相处的方法运用到日常同伴交往中，学会团队合作，增强集体意识和团队意识。				
合计					

自我评价：优秀（90－100 分）　良好（75－89 分）　合格（60－74 分）　待提高（0－59 分）

组长评价：优秀（90－100 分）　良好（75－89 分）　合格（60－74 分）　待提高（0－59 分）

生生评价：优秀（90－100 分）　良好（75－89 分）　合格（60－74 分）　待提高（0－59 分）

老师评价：优秀（90－100 分）　良好（75－89 分）　合格（60－74 分）　待提高（0－59 分）

校外寄语：

信息资讯

习言习语

广大青少年是祖国的未来，从小要积极参加劳动、植树造林，把绿色的种子种进心里，养成尊重自然、热爱自然的意识，勤奋学习、锻炼身体、茁壮成长，德智体美劳全面发展，努力成为国家栋梁。

——2024 年 4 月 3 日习近平在参加首都义务植树活动时的讲话

年轻一代成为奋力拼搏、振兴中华的一代，实现第二个百年奋斗目标就充满希望。青年学子要树牢科技报国志，刻苦学习钻研，勇攀科学高峰，在推进强国建设、民族复兴伟业中绽放青春光彩。

——2023 年 9 月 6 日至 8 日习近平在黑龙江考察时的讲话

青年充满了活力，应该也能够以平等、包容、友爱的视角看待和而不同，用欣赏、互学、互鉴的态度对待多种文化。

——2023 年 7 月 28 日习近平在成都第三十一届世界大学生夏季运动会开幕式欢迎宴会上的致辞

党和国家事业的希望寄托在青年身上。希望共青团中央深入贯彻党中央要求，切实肩负起新时代新征程党赋予的使命任务，传承弘扬优良传统，坚持改革创新，更好把青年一代团结凝聚在党的周围，为推进强国建设、民族复兴伟业接续奋斗。

——2023 年 6 月 26 日习近平在同团中央新一届领导班子成员集体谈话时的讲话

青年人有理想、敢担当、能吃苦、肯奋斗，中国青年才会有力量，党和国家事业发展才能充满希望。

——2023 年 6 月 26 日习近平在同团中央新一届领导班子成员集体谈话时的讲话

推荐网站

1. 国家职业教育智慧教育平台。网址：https：//vocational. smartedu. cn/
2. 国家中小学智慧教育平台。网址：https：//basic. smartedu. cn/

第 10 课
和谐校园　共同维护

思维导图

- 第 10 课 和谐校园 共同维护
  - 抵制校园欺凌和暴力
    - 识别校园欺凌和暴力
      - 定义
      - 类型
      - 危害
    - 对校园欺凌和暴力说“不”
      - 增强防范意识，学会自我保护
      - 机智应对欺凌和暴力
      - 旁观者也应伸出援手
  - 筑牢心灵的防火墙
    - 辨别不良诱惑
      - 烟酒
      - 有害信息
      - 沉迷网络游戏
      - 赌博
      - 毒品
    - 自觉抵制不良诱惑
      - 遵守道德规范、校纪校规和法律法规
      - 养成健康的生活方式
      - 洁身自爱，保护自己

目标点击

1. 学会识别校园欺凌和暴力，认识校园欺凌和暴力的类型及危害，了解相关法律知识，树立自觉抵制校园欺凌和暴力的意识。

2. 掌握应对校园欺凌和暴力的方法和策略，增强自我保护意识，树立不欺凌他人的意识，提升机智应对校园欺凌和暴力的能力。

3. 认识不良诱惑的种类及危害，了解相关法律知识，自觉抵制不良诱惑，遵守道德规范、校纪和法规，养成健康向上的生活方式。

自主预习

请同学们观看视频《校园里的“幕后黑手”》，初步思考总议题：我们应如何抵制校园欺凌和暴力，远离不良诱惑，筑起心灵的防火墙。

学习感悟

课堂探究

素质训练

选一选

1. 校园欺凌者往往不含以下特性（　　）。

A. 缺少同情心　B. 暴力倾向　C. 乐于助人　D. 做事易怒

2. 校园欺凌对受害者产生了很大的影响，以下不属于对受害者影响的是（　　）。

A. 身体健康　B. 学校名誉受损　C. 心理健康　D. 危害生命

3. 有同学在微信、QQ 群发布同学考试作弊的假消息，这位同学的行为是（　　）。

A. 语言欺凌　B. 网络欺凌　C. 身体欺凌　D. 关系欺凌

4. 以下关于欺凌的观点哪项是正确的（　　）。

A. 不用在意，只是在互相开玩笑

B. 受到欺凌后以暴制暴

C. 学生告诉家长被同学欺负，家长责怪其胆小、懦弱

D. 在网络上散布他人的谣言也是一种欺凌

5. 校园欺凌产生的原因有（　　）。

A. 欺负其他同学，获得存在感，寻求刺激

B. 为了所谓的强大，拉帮结派，“报团取暖”

C. 家长对学生缺乏关爱，导致学生孤独无助，安全感低

D. 以上都是

6.《中华人民共和国未成年人保护法》是于（　　）正式颁布实施的。

A. 1991 年 1 月 1 日　B. 1991 年 9 月 4 日

C. 1992 年 1 月 1 日　D. 1999 年 11 月 1 日

7. 面对不良诱惑，下列正确的态度是（　　）。

A. 不必在意，就当放松一下　B. 抵制不良诱惑，培养高尚的道德情操

C. 在网络游戏中获得成就感　D. 小赌怡情，偶尔赌两把没关系

8. 下列不属于毒品的是（　　）。

A. 可卡因　B. 海洛因　C. 酒精　D. 大麻

9. 下列不属于艾滋病传播途径的是（　　）。

A. 性传播　B. 血液传播　C. 母婴传播　D. 空气传播

10. 关于抵制不良诱惑，下列说法中错误的是（　　）。

A. 吸食毒品危害自身、危害家庭、危害社会

B. 身处有不良诱惑的情境

C. 提高辨识能力，增强抵制能力

D. 积极参与抵制不良诱惑的社会宣传

填一填

1. 请同学们阅读教材，完成填空学习内容

（1）校园欺凌和暴力事件不但影响我们正常的＿＿＿＿＿＿，损害我们的＿＿＿＿＿＿、还会造成＿＿＿＿＿＿。

（2）校园欺凌和暴力有不同的类型，包括＿＿＿＿＿＿、＿＿＿＿＿＿、＿＿＿＿＿＿、＿＿＿＿＿＿。

（3）当校园欺凌和暴力事件发生时，＿＿＿＿＿＿也应伸出援助之手，不能成为事件的局外人，更不能成为＿＿＿＿＿＿。

（4）在成长过程中，我们会遇到有害信息、＿＿＿＿＿＿、＿＿＿＿＿＿，甚至＿＿＿＿＿＿等不良诱惑。这些不良诱惑会影响我们的健康成长，甚至会使我们误入歧途。

（5）艾滋病主要通过＿＿＿＿＿＿、＿＿＿＿＿＿、＿＿＿＿＿＿三种途径传播。

2. 抵制校园欺凌和暴力

校园欺凌和暴力中的角色	解决欺凌现象的做法

3. 抗拒不良诱惑计划表

不良诱惑	沉迷网络游戏	吸烟	
当下危害			
具体改善措施			
实施情况			

议一议

1. 聚焦校园冲突

小刚和小伟是某中职学校一年级的同班同学。有一次，小刚替老师收数学作业，小伟没有带，小刚就认为他没做，直接告诉老师小伟没做作业。小伟很生气，说小刚故意整他，两人吵得不可开交。幸亏有同学相劝，这才没有使矛盾进一步激化。此后，小伟联合一群“好友”，几次在放学路上堵截小刚……

根据以上案例，若你与他人发生了冲突，会以何种方式沟通和解，从预防校园欺凌发生这一角度谈谈你的看法。

2. 警惕“刷单”陷阱

兼职刷单，当日刷单，当日结算！殊不知这些看起来“很美”的广告后面藏着陷阱。小李是某中职学校的学生，放暑假后，在家闲来无事就想做点兼职充实下暑期生活，对方声称可以通过刷单来获取利润，随后对方发来支付二维码让小李进行刷单返现，小李见兼职赚钱如此之快，于是答应对方继续“兼职”。但对方得知小李已经没有钱进行刷单后，果断将其“拉黑”切断联系。意识到被骗的小李顿时慌了，到派出所报警。

阅读以上材料，你有何感想？假设你是小李的同学，思考你与同伴会怎样抵制以上诱惑？

活动演练

说一说

校园这片孕育知识与梦想的沃土，是我们共同学习与成长的摇篮。然而，近年来，一股不应有的阴霾悄然笼罩在这片本应纯洁无瑕的天空之下——校园欺凌现象时有发生，如同锋利的刀刃，割裂了和谐与安宁。那将是怎样一种令人痛心的景象？这不仅是对受害者身心的无情摧残，更是对校园精神与文化底蕴的极大亵渎。我们必须携手并肩，坚决抵制校园欺凌和暴力，让每一个心灵都能在阳光的照耀下自由翱翔。

◎围绕分议题：面对校园欺凌和暴力事件，我们应该怎么做？开展“抵制校园欺凌和暴力”主题研讨会，撰写抵制校园欺凌和暴力案例，总结抵制校园欺凌和暴力的方法。小组成员进行深入探讨，交流和分享，为创建和谐校园贡献一份力量。

抵制欺凌暴力

做一做

青葱岁月，大好年华，正值我们人生中最绚烂的花季，这是一段洋溢着生机与活力的非凡旅程，每一步都充满探索与未知的惊喜。然而，在这片绚烂之中，也潜藏着暗流与荆棘，烟酒、毒品、不良信息、沉迷游戏……悄无声息地侵蚀着青春的纯净与美好，让一些年轻的心灵在成长的路上迷失了方向。因此，我们更应珍惜并守护好自己的花季，学会辨别是非，抵御诱惑，保持一颗积极向上的心。

◎围绕分议题：在日常生活中如何自觉抵制不良诱惑？开展主题为“抵制不良诱惑，守护青春净土”的倡议活动，自选一种诱惑类型，撰写抵制诱惑倡议书，从辨别不良诱惑表现到自觉抵制不良诱惑行动等方面，从我做起，从现在做起，共同守护青春的美好与纯净。各组进行讨论交流分享，在参与中提高自我保护与自我约束能力，学会拒绝不良诱惑。

抵制诱惑倡议

实践营地

社会实践任务单

班级		小组成员		组长	
实践项目		实践方法		时间	
实践目的					
实践准备					
实践内容					

社会实践体会

评价维度	评　价　要　求	配分	得分
政治认同	坚持马克思主义世界观和方法论，领会中国特色社会主义理论体系，特别是习近平新时代中国特色社会主义思想，增进对伟大祖国、中华民族、中华文化、中国共产党、中国特色社会主义的认同，坚持社会主义核心价值体系，自觉培育和践行社会主义核心价值观。	20	
职业精神	具有积极劳动态度和良好劳动习惯，具有正确职业理想、科学职业观念、良好职业道德和职业行为，具备理性思维、批判质疑、勇于探究的科学精神，能够正确认识和处理社会发展与个人成长的关系，并做出正确价值判断和行为选择，在社会实践中增长才干。	20	
法治意识	具有社会主义法治观念、正确的权利义务观念，尊法学法守法用法，维护宪法尊严，自觉参与社会主义法治国家建设。	20	
健全人格	具有积极心理品质和自尊自信、理性平和、积极向上的心态，能自我调节和管理情绪，做到自立自强、坚韧乐观，提高心理健康水平和职业心理素质。	20	
公共参与	具有主人翁意识，坚持以人民为中心，能够有序参与公共事务、积极承担社会责任。	20	
合　计		100	

成长回眸

我的认识：

我的提升：

我的行动：

本课评价：

评价维度	内　容	得分			
		自我评价	组长评价	生生评价	老师评价
认知与品质（30 分）	学会识别校园欺凌和暴力，认识校园欺凌和暴力的类型及危害，了解相关法律知识，树立自觉抵制校园欺凌和暴力的意识。				
态度与情感（30 分）	掌握应对校园欺凌和暴力的方法和策略，增强自我保护意识，树立不欺凌他人的意识，提升机智应对校园欺凌和暴力的能力。				
运用与行动（40 分）	认识不良诱惑的种类及危害，了解相关法律知识，自觉抵制不良诱惑，遵守道德规范、校纪和法规，养成健康向上的生活方式。				
合计					

自我评价：优秀（90－100 分）　良好（75－89 分）　合格（60－74 分）　待提高（0－59 分）

组长评价：优秀（90－100 分）　良好（75－89 分）　合格（60－74 分）　待提高（0－59 分）

生生评价：优秀（90－100 分）　良好（75－89 分）　合格（60－74 分）　待提高（0－59 分）

老师评价：优秀（90－100 分）　良好（75－89 分）　合格（60－74 分）　待提高（0－59 分）

校外寄语：

信息资讯

习言习语

广大青年要坚定不移听党话、跟党走，怀抱梦想又脚踏实地，敢想敢为又善作善成，立志做有理想、敢担当、能吃苦、肯奋斗的新时代好青年，让青春在全面建设社会主义现代化国家的火热实践中绽放绚丽之花。

——2022 年 10 月 16 日习近平在中国共产党第二十次全国代表大会上的报告

青春孕育无限希望，青年创造美好明天。一个民族只有寄望青春、永葆青春，才能兴旺发达。

——2022 年 5 月 10 日习近平在庆祝中国共产主义青年团成立 100 周年大会上的讲话

希望广大青年用脚步丈量祖国大地，用眼睛发现中国精神，用耳朵倾听人民呼声，用内心感应时代脉搏，把对祖国血浓于水、与人民同呼吸共命运的情感贯穿学业全过程、融汇在事业追求中。

——2022 年 4 月 25 日习近平在中国人民大学考察调研时的讲话

奋斗是青春最亮丽的底色。“自信人生二百年，会当水击三千里。”民族复兴的使命要靠奋斗来实现，人生理想的风帆要靠奋斗来扬起。

——2019 年 4 月 30 日习近平日在纪念五四运动 100 周年大会上的讲话

广大青年人人都是一块玉，要时常用真善美来雕琢自己，不断培养高洁的操行和纯朴的情感，努力使自己成为高尚的人。

——2017 年 5 月 3 日习近平在中国政法大学考察时的讲话

推荐网站

1. 中国禁毒网。网址：https：//www. nncc626. com
2. 中央网信办违法和不良信息举报中心。网址：https：//www. 12377. cn/

第四单元

学会学习　终身受益

第 11 课
主动学习　高效学习

思维导图

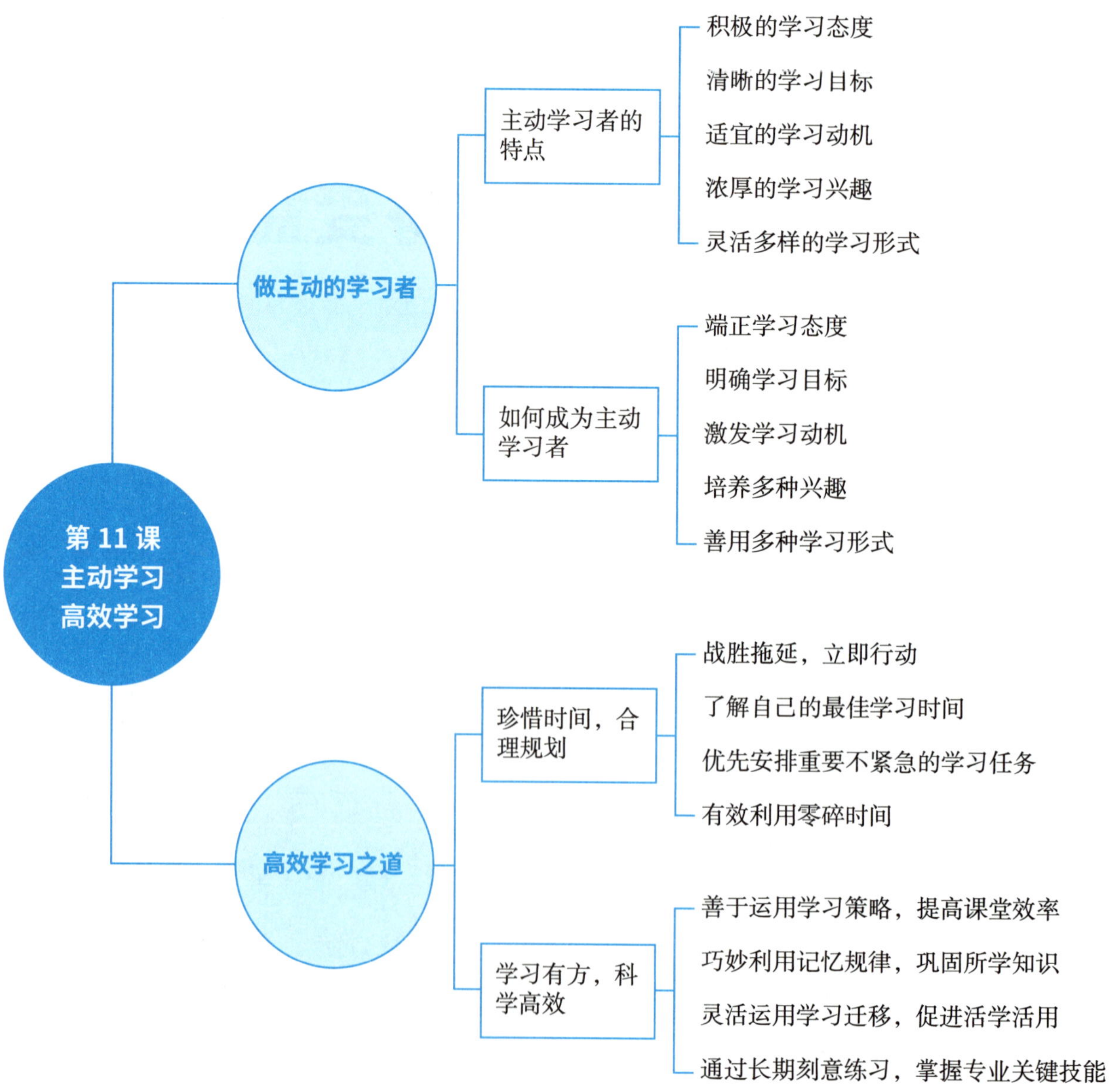

目标点击

1. 端正学习态度，学会时间管理，善于利用闲暇时间，增强学习的内在驱动力，做主动的学习者，培养学习兴趣。

2. 理解学习方法对提高学习效率和技术技能的重要意义。明确学习目的，珍惜时间，合理规划，学习有方，科学高效。

3. 掌握科学的学习方法，探寻适合自己的高效学习方式，养成良好的学习习惯。

自主预习

观看视频《我们为什么要读书》，初步思考总议题：我们为什么要学习？探讨如何明确学习目的，增强学习的内在驱动力。

学习感悟

课堂探究

素质训练

选一选

1. 小周是中餐烹饪专业的学生。在学校，他认真学习烹饪工艺、烹饪原材料等知识，努力掌握烹调技术。和同学外出就餐时，遇到大家喜欢的菜肴，他就会和同学讨论菜肴的食材和烹饪方法。家庭聚餐时，小周喜欢到厨房做助手，遇到厨艺高超的长辈，就和他们交流厨艺心得，并用心记录。小周还经常观看饮食文化纪录片，揣摩中国人的饮食习惯和味觉审美。家里的厨房是小周厨艺的“实验基地”，他会根据自己从多种渠道获得的菜肴烹调技术，尝试制作各种菜肴，让家人品鉴，乐此不疲。由此看出小周有（　　）等主动学习者具备的特点。

①积极的学习态度　②清晰的学习目标　③适宜的学习动机　④浓厚的学习兴趣
⑤灵活多样的学习形式

A. ①②③④⑤　B. ①②③　C. ①③④⑤　D. ②③④

2. 了解职教高考信息后，小王就在心里默默许下愿望，一定要考上心仪的大学，并制订了有效的学习计划。这说明小王具有（　　）。

A. 积极的学习态度　B. 清晰的学习目标　C. 适宜的学习动机　D. 浓厚的学习兴趣

3. 以下属于内部学习动机的是（　　）。

A. 为中华之崛起而读书　B. 书中自有颜如玉，书中自有黄金屋
C. 万般皆下品，惟有读书高　D. 读书是一种乐趣

4. 小林发现早上 6 点到 7 点，自己的记忆力最好，于是他每天在这个时间段背诵学习到的相关知识点。小林运用的时间管理方法是（　　）。

A. 战胜拖延，立即行动　B. 了解自己的最佳学习时间
C. 优先安排重要不紧急的学习任务　D. 有效利用零碎时间

5. 下列属于有效应对拖延的策略是（　　）。

①改变信念。如把“不到最后一刻不做作业”的习惯变成“先把作业完成再做别的事情”
②制订行动方案，并做出公开承诺。如要考取资格证书，就要制定好学习方案和时间

进度表，并请家人和朋友一起监督

③从完成小目标开始。如这个月我要读完一本书，本周要完成前两章

④及时奖励自己。如本周每天都按时完成了作业，周末我要看一场电影

⑤避免面对困难任务

A. ①②③④　　B. ①②③　　C. ①②③④⑤　　D. ②③④

6. 艾宾浩斯遗忘曲线表明，学习（　　）小时内不复习，记忆损失最严重，会遗忘 55.8% 的学习内容，随后遗忘速率会下降。学习之后 8.8 小时不复习，遗忘率是 64.2%；24 小时之后，遗忘率是 66.3%；而在 31 天之后，遗忘率也只达到 78.9%。

A. 1　　B. 2　　C. 3　　D. 4

7. 实训课结束后，小刘总会在当天抽出专门时间模拟老师的示范，他运用的学习方法是（　　）。

A. 及时复习　　B. 间隔复习　　C. 学习迁移　　D. 刻意练习

8. 不论做哪一行要跟上时代发展步伐，在技能上精益求精，都需要发扬主动学习精神。主动学习是有效运用学习资源，不断超越自我，并取得职业成就的法宝。我们要（　　）努力成为一名主动学习者。

①端正学习态度　　②明确学习目标

③激发学习动机　　④培养多种兴趣

⑤善用多种学习形式

A. ①③④⑤　　B. ①②③　　C. ①②③④⑤　　D. ②③④

9. 最近小李课前认真预习，带着问题走进课堂；上课专心听讲，做好笔记入脑入心；课后及时复习，提炼总结学习内容，思考知识间的内在联系，在理论学习上有了很大进步。这是因为小李（　　）。

A. 善于运用学习策略，提高了课堂学习效率

B. 巧妙利用记忆规律，巩固了所学知识

C. 灵活运用学习迁移，促进了活学活用

D. 通过长期刻意练习，掌握了专业关键技能

10. “举一反三，触类旁通”体现的是（　　）。

A. 学习策略　　B. 记忆规律　　C. 学习迁移　　D. 学习动机

填一填

1. 请同学们阅读教材，完成填空学习内容

（1）研究表明，学习动机水平和学习行为效果之间呈＿＿＿＿＿＿＿＿关系。

（2）直接强化和间接强化都属于外部学习动机，当我们的学习状态陷入瓶颈期，或者暂时没有学习兴趣的时候，这些外部学习动机能够激励我们坚持学习。但是，若要保持可持续的学习行为，我们更需要调动＿＿＿＿＿＿＿＿＿＿。

（3）根据时间管理四象限法，可以将要完成的学习任务按照重要和紧急程度的两个维度分为四种类型：重要又紧急、＿＿＿＿＿＿＿＿、不重要却紧急、＿＿＿＿＿＿＿＿。

（4）心理学家艾宾浩斯发现，遗忘遵循先快后慢的规律。为了避免遗忘，我们可以运用“＿＿＿＿＿＿＿＿＿＿，＿＿＿＿＿＿＿＿＿＿”的记忆策略。

（5）＿＿＿＿＿＿＿＿＿＿是指先前掌握的知识或技能会影响随后的学习活动。在学习中，我们要举一反三，触类旁通，利用已学的知识和技能促进新的学习。

2. 学做主动学习者，学会高效学习法

主动学习者的特点	
如何成为主动学习者	
高效学习之道	

3. 改进学习方法，填写下表

我现有的学习方法	
我现有学习方法的优缺点	
我的改进策略	
我的改进成效 （两周后填写）	

议一议

1. 明确学习目的　端正学习态度

自习课上，小赵打开英语书，叹了口气，打开水杯喝口水，然后拿起手机刷起了视频……再想起背单词时，已经过去1个小时了！她很快紧张起来，责怪自己，怎么又玩手机，然后硬着头皮开始背单词。同学们，你是否像小赵一样，也想了解自己为什么会有这样的行为？

请大家结合以上材料，依据我们刚刚学到的知识，分析厌学、学习效率低的内在原因，以“我们为什么要学习”为议题，探讨如何明确学习目的，端正学习态度，培养学习兴趣，增强学习的内在驱动力。

2. 探寻高效学习方式　掌握科学学习方法

孙明是“背规大赛”的冠军。学弟学妹们纷纷向孙明取经，他说：“一开始自己也是不得要领，背诵专业技术规范很吃力，前面背了后边忘。后来学习了‘艾宾浩斯遗忘曲线’的规律，就根据这个规律给自己做了复习计划表，然后按照计划表及时复习、多次复习，就发现背诵专业技术规范轻松起来了。”

请结合以上材料，采用经验交流的方式，以“我们如何学习”为议题，探寻适合自己的高效学习方式，掌握科学的学习方法，养成良好的学习习惯。

活动演练

做一做

山河破碎之际，先驱读书，是于字里行间寻觅救国图存的智慧灯塔；百废待兴之时，前辈捧卷，誓以知识为剑，矢志不渝地报效祖国；在波澜壮阔的变革岁月，我们勤学不辍，与祖国并肩，共赴时代的浪潮，奋起直追……时至今日，读书的意义更在于我们勇于挑起历史赋予的重担，不负这伟大的新时代，更不辜负那些“甘洒热血沃中华”，以生命铸就民族脊梁的先辈们！

◎围绕分议题：如何做主动的学习者？设计学习格言书签，收集查阅学习的名言警句，并挖掘其背后的故事，从主题与格言选择、材质与工艺、图案与色彩、尺寸与形状等方面进行设计，在形式上选择古典、现代、科技、简约等风格，领悟为什么要学习，端正学习态度，增强学习内在驱动力，以小组为单位，在班内宣讲交流展示。

我的格言书签

说一说

在追求卓越的学习旅程中，无论是深耕知识的沃土还是磨砺技能的锋刃，都需我们精心选择并熟练掌握一套科学的学习方法。这些方法如同导航灯塔，引领我们避开盲目努力的迷雾，照亮个性化学习路径的每一步。我们应当勇于尝试，不断探索最适合自身学习习惯与节奏的方式，使每一次学习都成为一次精准而高效的飞跃，从而在知识的积累与技能的精进上达到事半功倍的卓越成效。

◎围绕分议题：什么是高效学习之道？召开高效学习分享会，撰写自己高效学习方法，各学科从目标设定与计划制订、时间管理与优先级排序、主动学习与深度思考、记忆技巧与复习策略等方面进行方法的提炼，交流分享，碰撞出更多的思想火花，共同推动高效学习理念的普及和实践。

高效学习之道

实践营地

社会实践任务单

班级		小组成员		组长	
实践项目		实践方法		时间	
实践目的					
实践准备					
实践内容					

社会实践体会

评价维度	评 价 要 求	配分	得分
政治认同	坚持马克思主义世界观和方法论，领会中国特色社会主义理论体系，特别是习近平新时代中国特色社会主义思想，增进对伟大祖国、中华民族、中华文化、中国共产党、中国特色社会主义的认同，坚持社会主义核心价值体系，自觉培育和践行社会主义核心价值观。	20	
职业精神	具有积极劳动态度和良好劳动习惯，具有正确职业理想、科学职业观念、良好职业道德和职业行为，具备理性思维、批判质疑、勇于探究的科学精神，能够正确认识和处理社会发展与个人成长的关系，并做出正确价值判断和行为选择，在社会实践中增长才干。	20	
法治意识	具有社会主义法治观念、正确的权利义务观念，尊法学法守法用法，维护宪法尊严，自觉参与社会主义法治国家建设。	20	
健全人格	具有积极心理品质和自尊自信、理性平和、积极向上的心态，能自我调节和管理情绪，做到自立自强、坚韧乐观，提高心理健康水平和职业心理素质。	20	
公共参与	具有主人翁意识，坚持以人民为中心，能够有序参与公共事务、积极承担社会责任。	20	
合 计		100	

成长回眸

我的认识：

我的提升：

我的行动：

本课评价：

评价维度	内　容	得分			
		自我评价	组长评价	生生评价	老师评价
认知与品质（30 分）	端正学习态度，学会时间管理，善于利用闲暇时间，增强学习的内在驱动力，做主动的学习者，培养学习兴趣。				
态度与情感（30 分）	理解学习方法对提高学习效率和技术技能的重要意义。明确学习目的，珍惜时间，合理规划，学习有方，科学高效。				
运用与行动（40 分）	掌握科学的学习方法，探寻适合自己的高效学习方式，养成良好的学习习惯。				
合计					

自我评价：优秀（90－100 分）　良好（75－89 分）　合格（60－74 分）　待提高（0－59 分）

组长评价：优秀（90－100 分）　良好（75－89 分）　合格（60－74 分）　待提高（0－59 分）

生生评价：优秀（90－100 分）　良好（75－89 分）　合格（60－74 分）　待提高（0－59 分）

老师评价：优秀（90－100 分）　良好（75－89 分）　合格（60－74 分）　待提高（0－59 分）

校外寄语：

信息资讯

习言习语

不论是成就自己的人生理想，还是担当时代的神圣使命，青年都要珍惜韶华、不负青春，努力学习掌握科学知识，提高内在素质，锤炼过硬本领，使自己的思维视野、思想观念、认识水平跟上越来越快的时代发展。

——2019 年 4 月 30 日习近平在纪念五四运动 100 周年大会上的讲话

新时代中国青年要增强学习紧迫感，如饥似渴、孜孜不倦学习，努力学习马克思主义立场观点方法，努力掌握科学文化知识和专业技能，努力提高人文素养，在学习中增长知识、锤炼品格，在工作中增长才干、练就本领，以真才实学服务人民，以创新创造贡献国家！

——2019 年 4 月 30 日习近平在纪念五四运动 100 周年大会上的讲话

知识是每个人成才的基石，在学习阶段一定要把基石打深、打牢。学习就必须求真学问，求真理、悟道理、明事理，不能满足于碎片化的信息、快餐化的知识。要通过学习知识，掌握事物发展规律，通晓天下道理，丰富学识，增长见识。人的潜力是无限的，只有在不断学习、不断实践中才能充分发掘出来。建设社会主义现代化强国，发展是第一要务，创新是第一动力，人才是第一资源。希望广大青年珍惜大好学习时光，求真学问，练真本领，更好为国争光、为民造福。

——2018 年 5 月 2 日习近平在北京大学师生座谈会上的讲话

做人做事，最怕的就是只说不做，眼高手低。不论学习还是工作，都要面向实际、深入实践，实践出真知；都要严谨务实，一分耕耘一分收获，苦干实干。

——2018 年 5 月 2 日习近平在北京大学师生座谈会上的讲话

学习是成长进步的阶梯，实践是提高本领的途径。青年的素质和本领直接影响着实现中国梦的进程。古人说："学如弓弩，才如箭镞。"说的是学问的根基好比弓弩，才能好比箭头，只要依靠厚实的见识来引导，就可以让才能很好发挥作用。青年人正处于学习的黄金时期，应该把学习作为首要任务，作为一种责任、一种精神追求、一种生活方式，树立梦想从学习开始、事业靠本领成就的观念，让勤奋学习成为青春远航的动力，让增长本领成为青春搏击的能量。

——2013 年 5 月 4 日习近平在同各界优秀青年代表座谈时的讲话

推荐网站

1. 智慧职教 MOOC。网址：https：//mooc. icve. com. cn/cms/
2. 中国大学 MOOC。网址：https：//www. icourse163. org/

第 12 课
终身学习　持续发展

思维导图

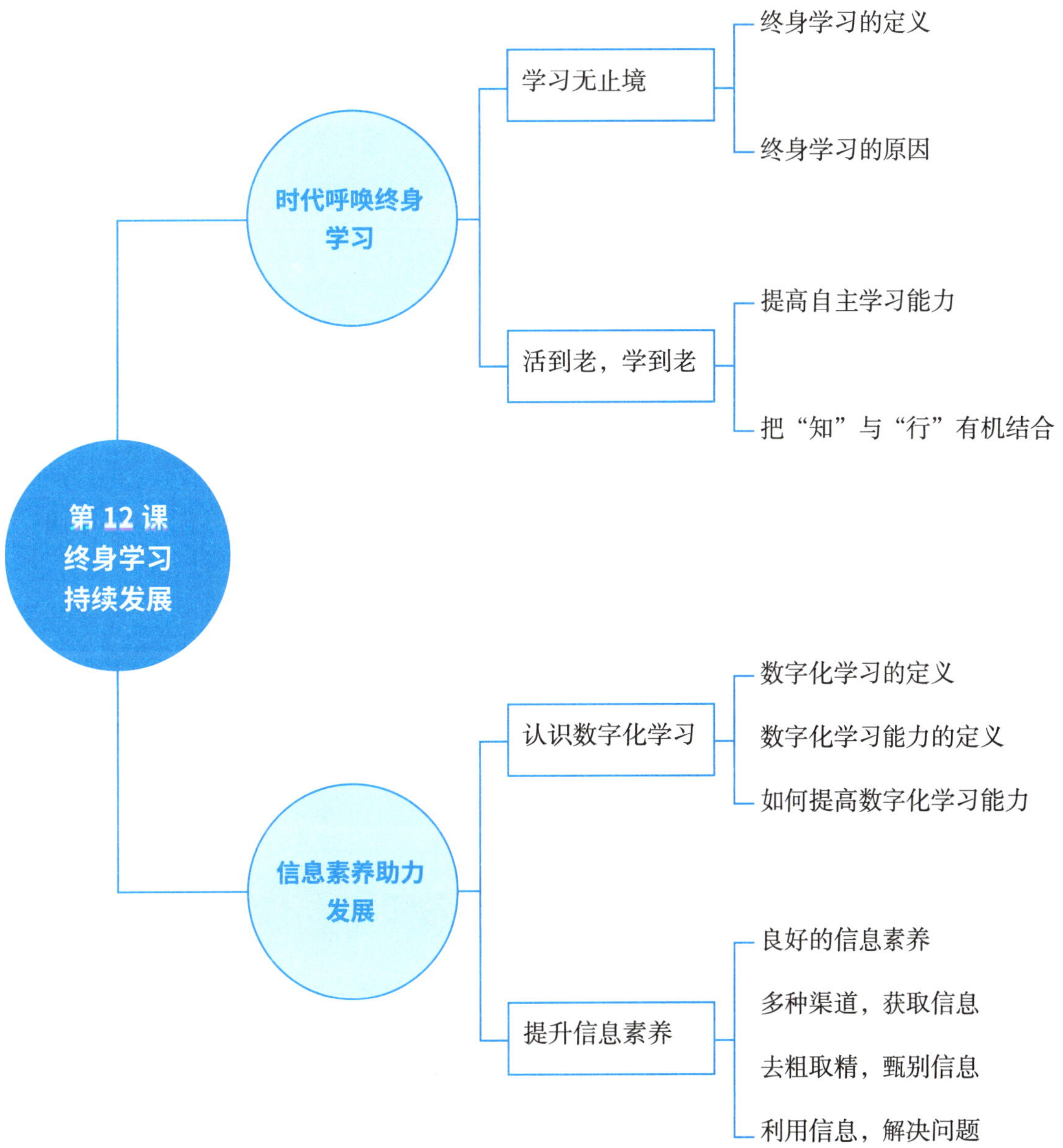

目标点击

1. 了解社会发展对学习提出的新要求，掌握终身学习定义，认识终身学习的重要性；把“知”与“行”有机结合，活到老，学到老。

2. 树立终身学习意识，认识数字化学习，自觉提高数字化学习能力和信息素养。

3. 了解数字化学习和信息素养的内容和要求，学会利用信息技术和数字化工具进行终身学习。

自主预习

观看视频《2023 年全民终身学习活动周 让学习成为一种生活方式》，初步思考总议题：为什么全民需要“活到老，学到老”？探讨终身学习的必要性和方法。

学习感悟

课堂探究

素质训练

选一选

1. 下列选项中，不属于终身学习行为的是（　　）。

A. 中职生小王每天下午放学后都坚持玩半小时游戏，提高自己游戏技能

B. 学生小李每天都坚持进行半个小时阅读，并打算一直坚持下去

C. 刘爷爷虽然已经退休了，但他还每天坚持练字和看新闻

D. 中职汽修教师唐一为更好地提高教学能力，一直不断学习汽修相关知识

2. 当今世界，我们需要终身学习的原因（　　）。

①科学技术日新月异，知识更新速度大大加快

②就业结构和岗位需求发生重大变化

③适应社会发展的需要，跟上时代发展的步伐

④为了“躺平”做准备

A. ①②　　B. ③④　　C. ①②③　　D. ①②④

3. 我们处在知识不断更新的时代，每个人只有树立终身学习的意识，持续地、不间断地学习，才能更好地适应社会发展需要，跟上时代发展的步伐。下列体现终身学习理念的是（　　）。

A. 活到老，学到老

B. 千里之行，始于足下

C. 勤能补拙是良训，一分辛苦一分才

D. 聪明在于勤奋

4. 以下对终身学习的认识，错误的是（　　）。

A. 终身学习是自身发展、追求高质量生活的重要前提

B. 终身学习使我们获得新知、增长才干，满足生存和发展的需要，提高未来事业发展的竞争力

C. 终身学习能充实我们的精神生活，开阔我们的眼界，使我们更好实现人生价值

D. 终身学习就是要在任何时候都把学习书本知识作为自己的主要任务

5. 许振超，只有初中文化，没有上过大学。他通过几十年如一日的刻苦学习，最终成为世界一流的“桥吊专家”，荣获“全国劳动模范”“全国优秀共产党员”等称号。许振超说：“一个人可以没有文凭，但不可以没有知识；可以不进大学殿堂，但不可以不学习。”这说明终身学习（　　）。

A. 既是个人可持续发展的要求，也是社会发展的必然要求

B. 只适合没有进入大学学习的人

C. 只是个人发展的要求，而不是社会发展的要求

D. 已成为当今社会唯一的生活方式

6. 每个人都需要树立终身学习的理念，自觉把学习作为个人成长和职业发展的重要手段和内在动力。终身学习需要（　　）。

①提高自主学习能力　②充分认识终身学习重要性

③只学习书本知识　④善于把“知”与“行”有机结合

A. ②③④　B. ①③④　C. ①②③　D. ①②④

7. 下列不属于数字化学习工具的是（　　）。

A. 音频　B. 多媒体课件　C. 视频　D. 手抄报

8. 以下有关数字化学习的说法，错误的是（　　）。

A. 数字化学习倡导以学习者为中心、以问题为导向的自主学习

B. 数字化学习一定比传统学习方式效率更高

C. 数字化学习可以根据自己的学习需求，灵活运用数字化资源，随时随地进行学习

D. 数字化学习改变了学习的时空观念，提高了学习效率

9. “互联网＋教育”正逐步改变我们的学习方式，让我们的学习变得越来越方便。同学们应该学会使用一些网络平台进行自主学习，下面不属于网络学习平台的是（　　）。

A. 学习强国　B. 国家中小学智慧教育平台

C. 智慧职教　D. 支付宝

10. 信息素养主要包括（　　）。

①信息知识　②信息意识　③信息能力　④信息伦理

A. ①②④　B. ①③④　C. ①②③　D. ①②③④

填一填

1. 请同学们阅读教材，完成填空学习内容

(1) 终身学习是＿＿＿＿＿＿为适应社会发展和实现＿＿＿＿＿＿的需要，持续一生的学习过程。

(2) 每个人只有树立终身学习的意识，＿＿＿＿＿、＿＿＿＿＿地学习，才能更好地适应＿＿＿＿＿的需要，跟上＿＿＿＿＿的脚步。

(3) 终身学习，就要提高＿＿＿＿＿能力；还要善于把“＿＿＿＿＿”与“＿＿＿＿＿”有机结合起来。

(4) 提高数字化学习能力，需要＿＿＿＿＿数字化学习设施、软件、平台、工具等数字化学习环境，采取相应的策略＿＿＿＿＿；需要掌握相关信息技术知识，对数字化学习资源进行＿＿＿＿＿、分析、评估和应用；需要掌握并运用多种数字化学习方式，满足＿＿＿＿＿学习需求，＿＿＿＿＿学习任务。

(5) 数字化学习要求我们具有良好的信息素养。在数字化学习时代，我们需要＿＿＿＿＿，获取信息；＿＿＿＿＿，甄别信息；＿＿＿＿＿，解决问题。

2. 活到老，学到老

什么是“活到老，学到老”	
为什么每个人都需要“活到老，学到老”	
我需要怎么做到“活到老，学到老”	

3. 信息素养，助我发展

	概念
数字化学习	
数字化学习能力	
信息能力	

议一议

1. 终身学习　国家助力

2023 年 5 月，习近平总书记在中共中央政治局第五次集体学习时强调，“要建设全民终身学习的学习型社会、学习型大国”。建设学习型社会、学习型大国，是建设教育强国的重要方面。教育部印发的《学习型社会建设重点任务》明确提出，调动社会上一切可利用的学习资源，打通家庭教育、学校教育、社会教育各环节，完善政府统筹、教育牵头、部门协同、社会参与的全民终身学习推进机制，构建网络化、数字化、个性化、终身化的教育体系。一系列举措和部署，对提高广大人民群众的思想道德素质、科学文化素质和身心健康素质，具有重大指导意义。

结合上面材料，谈谈为什么国家如此强调终身学习？

2. 终身学习　领跑时代

邓建军，习近平总书记称其为“知识工人邓建军”。30年间，他由一名普通的青年工人成长为产业技术工人的楷模，共参与技术改造429项，独立完成技改136个。他在实践中，勤于向师傅和不同领域的专家学习一切有用的知识。不仅技术钻研不放松，还在管理方面不断向书本学、向同事学。在学历教育方面，他不断自我加压，提升知识层次、优化知识结构。从中专、大专到本科再到工程硕士，通过不断充电、不断钻研、不断超越，为自己和团队的创新夯实基础。

作为职业学校的学生，结合邓建军的事迹，请思考：我们该从哪几个方面进行终身学习？

活动演练

说一说

在当今这个信息爆炸、科技日新月异的时代，终身学习已成为个人成长与社会进步的要求。面对“知识爆炸”的汹涌浪潮，新知识、新技术、新理念层出不穷，它们以前所未有的速度改变着我们的生活方式、工作模式和思维方式。在这样的背景下，固守旧知、停滞不前无异于自我淘汰。因此，我们必须秉持与时俱进的精神，将终身学习视为一种生活态度，一种不断追求进步与完善的动力源泉。

◎围绕分议题：为什么我们每个人都需要终身学习？召开终身学习座谈会。写出你的终身学习计划。邀请思政老师分享学习经历和心得，小组为单位，开展讨论交流，探讨在快速变化的技术和社会环境中，如何通过终身学习来掌握新的技能和知识，以适应未来的工作和生活需求。

终身学习计划

做一做

在信息化浪潮席卷全球的今天，信息技术已深度融入我们生活的每一个角落，为学习领域带来了前所未有的革新与便利。借助信息技术的强大力量，学习不再受限于传统的物理空间与时间框架，而是实现了跨越时空的无缝对接，让个性化学习需求得以充分满足。党的二十大报告高瞻远瞩地指出："要积极推进教育数字化进程，致力于构建一个全民参与、终身学习的学习型社会，进而打造成为学习型大国。"这一战略部署不仅顺应了时代发展的潮流，更是对全民教育理念的深刻践行，旨在通过数字化手段，让知识的光芒普照每一个角落，让学习成为每个人终身的伴侣和成长的阶梯。

◎围绕分议题：信息时代，我们如何进行数字化学习？举办网络学习平台推介发布会。撰写平台特点、资源搜索、学习方式推介稿，推介慕课网（MOOC 中国）、网易云课堂、腾讯课堂、学堂在线、抖音、微博、微信、小红书及人工智能等平台，做出 PPT 进行分享。全面展示平台的优势和价值，推动数字化学习的深入发展。

学习平台推介

实践营地

社会实践任务单

班级		小组成员		组长	
实践项目		实践方法		时间	
实践目的					
实践准备					
实践内容					

社会实践体会

评价维度	评价要求	配分	得分
政治认同	坚持马克思主义世界观和方法论，领会中国特色社会主义理论体系，特别是习近平新时代中国特色社会主义思想，增进对伟大祖国、中华民族、中华文化、中国共产党、中国特色社会主义的认同，坚持社会主义核心价值体系，自觉培育和践行社会主义核心价值观。	20	
职业精神	具有积极劳动态度和良好劳动习惯，具有正确职业理想、科学职业观念、良好职业道德和职业行为，具备理性思维、批判质疑、勇于探究的科学精神，能够正确认识和处理社会发展与个人成长的关系，并做出正确价值判断和行为选择，在社会实践中增长才干。	20	
法治意识	具有社会主义法治观念、正确的权利义务观念，尊法学法守法用法，维护宪法尊严，自觉参与社会主义法治国家建设。	20	
健全人格	具有积极心理品质和自尊自信、理性平和、积极向上的心态，能自我调节和管理情绪，做到自立自强、坚韧乐观，提高心理健康水平和职业心理素质。	20	
公共参与	具有主人翁意识，坚持以人民为中心，能够有序参与公共事务、积极承担社会责任。	20	
合计		100	

成长回眸

我的认识：

我的提升：

我的行动：

本课评价：

评价维度	内　容	得分			
		自我评价	组长评价	生生评价	老师评价
认知与品质（30 分）	了解社会发展对学习提出的新要求，掌握终身学习定义，认识终身学习的重要性；把“知”与“行”有机结合，活到老，学到老。				
态度与情感（30 分）	树立终身学习意识，认识数字化学习，自觉提高数字化学习能力和信息素养。				
运用与行动（40 分）	了解数字化学习和信息素养的内容和要求，学会利用信息技术和数字化工具进行终身学习。				
合计					

自我评价：优秀(90－100 分)　良好(75－89 分)　合格(60－74 分)　待提高(0－59 分)

组长评价：优秀(90－100 分)　良好(75－89 分)　合格(60－74 分)　待提高(0－59 分)

生生评价：优秀(90－100 分)　良好(75－89 分)　合格(60－74 分)　待提高(0－59 分)

老师评价：优秀(90－100 分)　良好(75－89 分)　合格(60－74 分)　待提高(0－59 分)

校外寄语：

信息资讯

习言习语

以教育之力厚植人民幸福之本，以教育之强夯实国家富强之基，为全面推进中华民族伟大复兴提供有力支撑。

教育数字化是我国开辟教育发展新赛道和塑造教育发展新优势的重要突破口。进一步推进数字教育，为个性化学习、终身学习、扩大优质教育资源覆盖面和教育现代化提供有效支撑。

要建设全民终身学习的学习型社会、学习型大国，促进人人皆学、处处能学、时时可学，不断提高国民受教育程度，全面提升人力资源开发水平，促进人的全面发展。

——2023 年 5 月 29 日习近平总书记在主持中共中央政治局第五次集体学习时的讲话

学习是立身做人的永恒主题，也是报国为民的重要基础。梦想从学习开始，事业从实践起步。当今世界，知识信息快速更新，学习稍有懈怠，就会落伍。有人说，每个人的世界都是一个圆，学习是半径，半径越大，拥有的世界就越广阔。

——2013 年 10 月 21 日习近平在欧美同学会成立 100 周年庆祝大会上的讲话

我到农村插队后，给自己定了一个座右铭，先从修身开始。一物不知，深以为耻，便求知若渴。上山放羊，我揣着书，把羊圈在山坡上，就开始看书。锄地到田头，开始休息一会儿时，我就拿出新华字典记一个字的多种含义，一点一滴积累。我并不觉得农村 7 年时光被荒废了，很多知识的基础是那时候打下来的。现在条件这么好，大家更要把学习、把自身的本领搞好。

——2013 年 5 月习近平五四青年节参加主题团日活动时的讲话

“知之者不如好之者，好之者不如乐之者。”讲的就是这个道理。领导干部应该把学习作为一种追求、一种爱好、一种健康的生活方式，做到好学乐学。有了学习的浓厚兴趣，就可以变“要我学”为“我要学”，变“学一阵”为“学一生”。

——2013 年 3 月 1 日习近平在中央党校建校 80 周年庆祝大会暨 2013 年春季学期开学典礼上的讲话

正所谓“学而不思则罔，思而不学则殆。”你脑子里装着问题了，想解决问题了，想把问题解决好了，就会去学习，就会自觉去学习。

——2013 年 3 月 1 日习近平在中央党校建校 80 周年庆祝大会暨 2013 年春季学期开学典礼上的讲话

推荐网站

1. 学习强国。网址：https：//www. xuexi. cn/

第五单元

规划生涯　放飞梦想

第 13 课
立足专业　谋划发展

思维导图

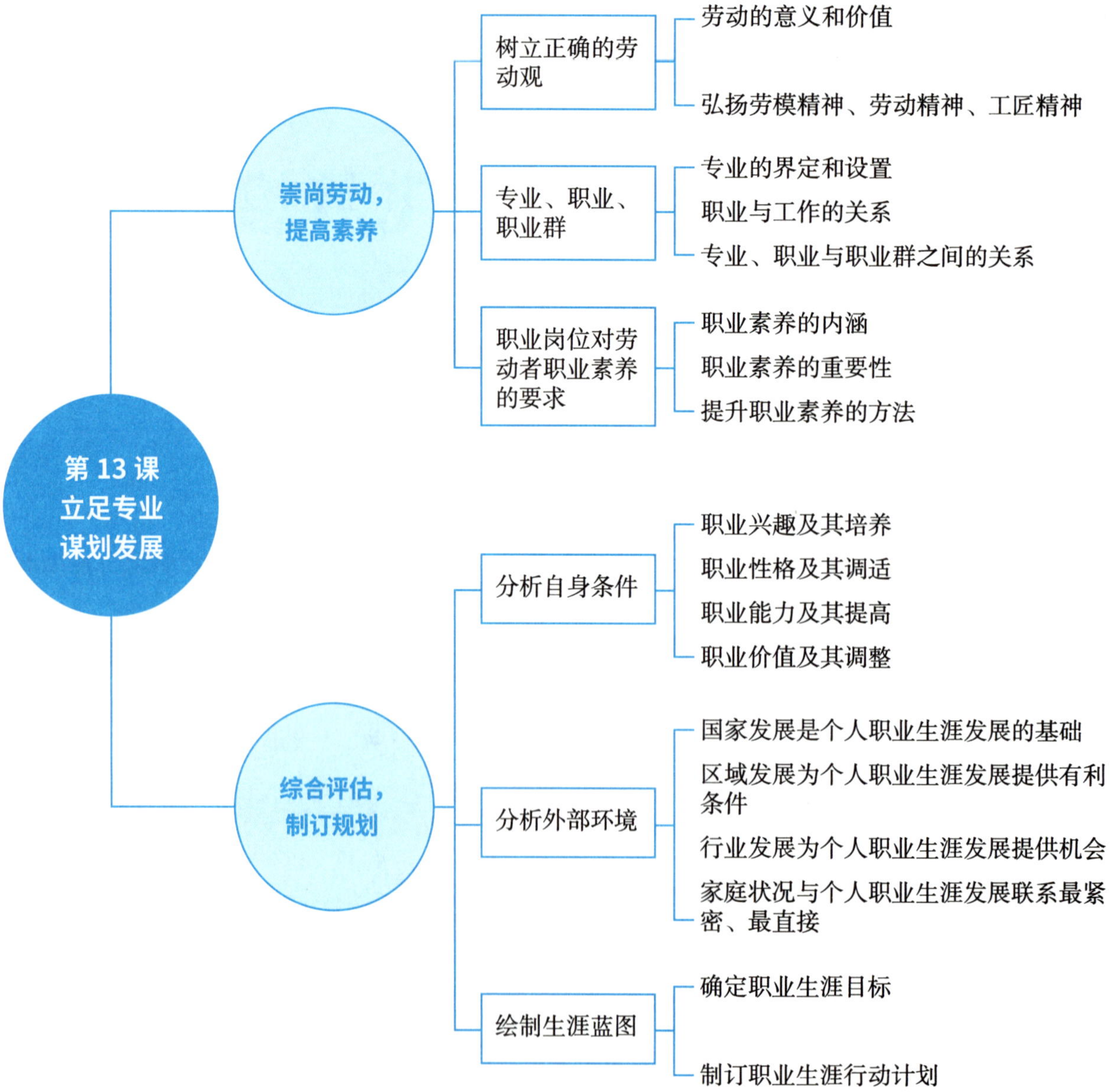

目标点击

1. 了解所学专业对应的职业群及演变趋势，明确职业岗位对从业者心理素质和知识技能的要求，理解提升职业素养的重要性。

2. 领悟劳动的内涵、意义和价值，树立正确的劳动观，培育精益求精的工匠精神，掌握提升职业素养，增强职业生涯规划能力，奠定职业生涯发展基础。

3. 掌握根据主客观条件制订职业生涯规划的方法，学会分析自身条件和外部条件，确定职业生涯规划目标，制订职业生涯规划行动计划。

自主预习

观看视频《对话劳模工匠谈奋斗：总书记回信激励我们技能报国》，初步思考总议题：大国工匠是如何炼成的？探讨提升职业素养的重要性。

学习感悟

课堂探究

素质训练

选一选

1. 在团队合作中，体现劳动精神的最佳方式是（　　）。

A. 追求个人目标而牺牲团队利益

B. 拼尽全力争取个人升职

C. 主动承担额外工作并帮助同事取得成功

D. 避免与他人合作以避免冲突

2. 对于面临挑战和困难的员工，以下哪种行为最能展现出劳动精神（　　）。

A. 抱怨工作太艰难　　B. 主动寻求支持和解决方案

C. 选择逃避困难任务　　D. 专注于自我保护和利益最大化

3. 体现劳动精神的核心特征包括（　　）。

A. 追求舒适和安逸　　B. 勇于接受挑战和压力

C. 只关注个人利益　　D. 对他人的付出视而不见

4. 工匠精神的核心理念包括（　　）。

A. 追求个人利益最大化　　B. 精益求精，追求完美

C. 避免承担额外责任　　D. 忽视细节，只注重整体效果

5. 职业素养中的“专业技能”指的是（　　）。

A. 仅限于狭义的专业知识和技能　　B. 包括对工作所需技能的掌握和运用

C. 只涉及与工作相关的基本技能　　D. 与个人兴趣爱好无关

6. 在面对职场挑战时，体现优秀职业素养的是（　　）。

A. 固执己见，不接受他人建议　　B. 不愿意接受新观念和方法

C. 只顾自己的利益，忽视团队整体利益　　D. 善于团队合作，善于妥协和沟通

7. 良好的职业素养对于企业的发展意味着（　　）。

A. 对企业发展没有实质性影响　　B. 是企业成功的关键因素之一

C. 无关紧要，只看业绩和利润　　D. 只要员工完成工作即可，与素养无关

8. 制订职业生涯规划时，以下哪个步骤是首要的（　　）。

A. 分析个人技能和兴趣　　B. 设定明确的职业目标

C. 寻求他人的建议和指导　　D. 制订详细的行动计划

9. 以下哪项是有效的职业生涯规划步骤（　　）。

A. 一成不变地坚守原有计划　　B. 定期评估和调整目标

C. 追求短期利益而非长远发展　　D. 忽视个人技能和能力的提升

10. 成功的职业生涯规划需要（　　）。

A. 随波逐流，跟随他人的建议　　B. 尽可能少与他人合作或沟通

C. 始终保持开放心态和学习态度　　D. 不考虑个人的兴趣和激情

填一填

1. 请同学们阅读教材，完成填空学习内容

（1）劳动是创造__________和__________的过程，是人类特有的基本社会实践活动，是人类社会存在和发展的__________。

（2）中等职业学校的课程设置分为__________和__________两类。

（3）职业信念表现为对自己所选择职业方向、所确定职业理想的稳定看法和态度，包括__________、__________、__________。

（4）制订职业生涯规划，需要充分认识自己的__________、__________、__________和__________等，立足实际、着眼未来、不断发展。

（5）制订日计划可以按照__________、估算每项任务所需要的时间、__________、专注重要的任务、__________五个步骤进行。

2. 填写霍兰德六种类型职业兴趣及我的职业倾向

类型	特点	典型职业	我可能的职业倾向
实际型（R）			
研究型（I）			
艺术型（A）			
社会型（S）			
企业型（E）			
常规型（C）			

3. 剖析自我，助力发展

职业素养	突出优势的方面	需要改进的方面	行动策略
职业道德			
职业心态			
职业价值观			
职业知识和技能			
职业行为习惯			

议一议

1. 匠心筑梦　劳模风采

全国劳模齐长红，出身北京长陵农民家庭，毕业后扎根家乡 30 年，专注农业技术推广，尤其是草莓产业。他创新草莓套种与轮作模式，技术覆盖京津冀多地，推广面积超万亩，显著提升草莓品质与产量。通过科学管理，昌平区草莓产量 5 年间增长近一成，总产值亦有所提升。此外，齐长红还积极外拓，跨省市指导合作社，通过产业帮扶对口支援地区，提升了当地农民收入。

结合材料所学，谈谈你对劳模精神、劳动精神、工匠精神的理解。

2. 专注目标　耕耘未来

小周，中职园林绿化专业毕业生，专注花卉生产。在校期间勤学不辍，课余积极实践。毕业两年后，小周参与的蝴蝶兰新品研发获得成功，并成功登陆英国皇家园艺协会认证。这坚定了小周从事蝴蝶兰花卉生产的目标。此后，他开始走访种植大户、跑市场和了解更多新品种，创办了自己的种苗公司，在京鲁两地承包大棚，每年春节期间销售额超200余万元。现在，更是带领合作社农户进行种植，为家乡的乡村振兴贡献力量。

请大家结合小周的职业生涯规划和成长经历，从明确职业目标、分析内外部环境和规划生涯发展方面，说说对你有哪些启发？

活动演练

做一做

在 2023 年 10 月 23 日与中华全国总工会新一届领导班子成员的集体谈话中，习近平总书记深刻指出：我们应当不遗余力地弘扬劳模精神、劳动精神以及工匠精神，充分发挥劳动模范与工匠人才的示范与引领作用，以此激励全国广大职工群体在勤勉不辍的辛勤劳动中、在恪守诚信的诚实劳动里，以及在勇于创新的创造性劳动上不懈奋斗，共同铸就并实现个人梦想与国家发展的辉煌篇章。这一重要论述，不仅是对劳动价值的崇高颂扬，更是对新时代劳动者寄予的深切期望与鼓舞。

◎围绕分议题：如何提升职业素养？组织召开大国工匠故事会，撰写大国工匠的成长故事。从背景、事迹、精神、启示等方面彰显展现工匠精神的内涵和价值。小组交流分享这些大国工匠的故事。他们用自己的双手和智慧创造了无数的奇迹和辉煌成就，为国家的繁荣富强和人民的幸福生活做出了重要贡献。他们的故事将永远激励着我们追求卓越，不断提升自己的职业素养。

大国工匠故事

说一说

每个人都独具个性、兴趣广泛且拥有各异的专长，其职业技能的亮点各异，对职业的倾向性也各不相同。同时，我们所处的外部环境复杂多变，为职业发展提供了多样的舞台。因此，深刻理解和把握职业兴趣与职业选择之间的关系显得尤为重要。我们应细致剖析自身的性格特点、兴趣爱好及能力优势，这是制订个性化职业规划的基石。通过准确的自我评估，我们能够更加清晰地认识到自己的长处与短处，为职业选择提供有力的依据。我们要坚信：在这个充满机遇与挑战的时代，每个人都有机会在职业道路上绽放光彩，实现自己的人生价值。只要我们勇于追求、不懈努力，就一定能够把握住属于自己的人生机遇，成就一番辉煌事业。

◎围绕分议题：如何制订职业生涯规划？召开“职业生涯规划交流会”，制订的职业生涯规划，从自我认知、行业与市场分析、职业目标设定、策略与行动计划、风险评估与应对措施、定期评估与调整等方面撰写职业生涯规划。小组进行交流，修改完善职业生涯规划。

职业生涯规划

实践营地

社会实践任务单

<table>
<tr><td>班级</td><td></td><td>小组成员</td><td></td><td>组长</td><td></td></tr>
<tr><td>实践项目</td><td></td><td>实践方法</td><td></td><td>时间</td><td></td></tr>
<tr><td>实践目的</td><td colspan="5"></td></tr>
<tr><td>实践准备</td><td colspan="5"></td></tr>
<tr><td colspan="6">实践内容</td></tr>
<tr><td colspan="6"></td></tr>
</table>

社会实践体会

评价维度	评　价　要　求	配分	得分
政治认同	坚持马克思主义世界观和方法论，领会中国特色社会主义理论体系，特别是习近平新时代中国特色社会主义思想，增进对伟大祖国、中华民族、中华文化、中国共产党、中国特色社会主义的认同，坚持社会主义核心价值体系，自觉培育和践行社会主义核心价值观。	20	
职业精神	具有积极劳动态度和良好劳动习惯，具有正确职业理想、科学职业观念、良好职业道德和职业行为，具备理性思维、批判质疑、勇于探究的科学精神，能够正确认识和处理社会发展与个人成长的关系，并做出正确价值判断和行为选择，在社会实践中增长才干。	20	
法治意识	具有社会主义法治观念、正确的权利义务观念，尊法学法守法用法，维护宪法尊严，自觉参与社会主义法治国家建设。	20	
健全人格	具有积极心理品质和自尊自信、理性平和、积极向上的心态，能自我调节和管理情绪，做到自立自强、坚韧乐观，提高心理健康水平和职业心理素质。	20	
公共参与	具有主人翁意识，坚持以人民为中心，能够有序参与公共事务、积极承担社会责任。	20	
合　计		100	

成长回眸

我的认识：

我的提升：

我的行动：

本课评价：

评价维度	内容	得分			
		自我评价	组长评价	生生评价	老师评价
认知与品质（30分）	了解所学专业对应的职业群及演变趋势，明确职业岗位对从业者心理素质和知识技能的要求，理解提升职业素养的重要性。				
态度与情感（30分）	领悟劳动的内涵、意义与价值，树立正确的劳动观，培育精益求精的工匠精神，掌握提升职业素养，增强职业生涯规划能力，奠定职业生涯发展基础。				
运用与行动（40分）	掌握根据主客观条件制订职业生涯规划的方法，学会分析自身条件和外部条件，确定职业生涯规划目标，制订职业生涯规划行动计划。				
合计					

自我评价：优秀（90－100分） 良好（75－89分） 合格（60－74分） 待提高（0－59分）

组长评价：优秀（90－100分） 良好（75－89分） 合格（60－74分） 待提高（0－59分）

生生评价：优秀（90－100分） 良好（75－89分） 合格（60－74分） 待提高（0－59分）

老师评价：优秀（90－100分） 良好（75－89分） 合格（60－74分） 待提高（0－59分）

校外寄语：

信息资讯

习言习语

要大力弘扬劳模精神、劳动精神、工匠精神，发挥好劳模工匠示范引领作用，激励广大职工在辛勤劳动、诚实劳动、创造性劳动中成就梦想。

——2023 年 10 月 23 日习近平在同中华全国总工会新一届领导班子成员集体谈话时的讲话

坚持尊重劳动、尊重知识、尊重人才、尊重创造。

——2022 年 10 月 16 日习近平在中国共产党第二十次全国代表大会上的讲话

大力弘扬劳模精神、劳动精神、工匠精神。“不惰者，众善之师也。”在长期实践中，我们培育形成了爱岗敬业、争创一流、艰苦奋斗、勇于创新、淡泊名利、甘于奉献的劳模精神，崇尚劳动、热爱劳动、辛勤劳动、诚实劳动的劳动精神，执着专注、精益求精、一丝不苟、追求卓越的工匠精神。劳模精神、劳动精神、工匠精神是以爱国主义为核心的民族精神和以改革创新为核心的时代精神的生动体现，是鼓舞全党全国各族人民风雨无阻、勇敢前进的强大精神动力。

——2020 年 11 月 24 日习近平在全国劳动模范和先进工作者表彰大会上的讲话

要开展以劳动创造幸福为主题的宣传教育，把劳动教育纳入人才培养全过程，贯通大中小学各学段和家庭、学校、社会各方面，教育引导青少年树立以辛勤劳动为荣、以好逸恶劳为耻的劳动观，培养一代又一代热爱劳动、勤于劳动、善于劳动的高素质劳动者。

——2020 年 11 月 24 日习近平在全国劳动模范和先进工作者表彰大会上的讲话

建设知识型、技能型、创新型劳动者大军，弘扬劳模精神和工匠精神，营造劳动光荣的社会风尚和精益求精的敬业风气。

——2017 年 10 月 18 日习近平在中国共产党第十九次全国代表大会上的讲话

推荐网站

1. 中国劳动保障新闻网。网址：https：//www. clssn. com/
2. 中工网。网址：https：//www. workercn. cn/

第 14 课
执行规划　夯实基础

思维导图

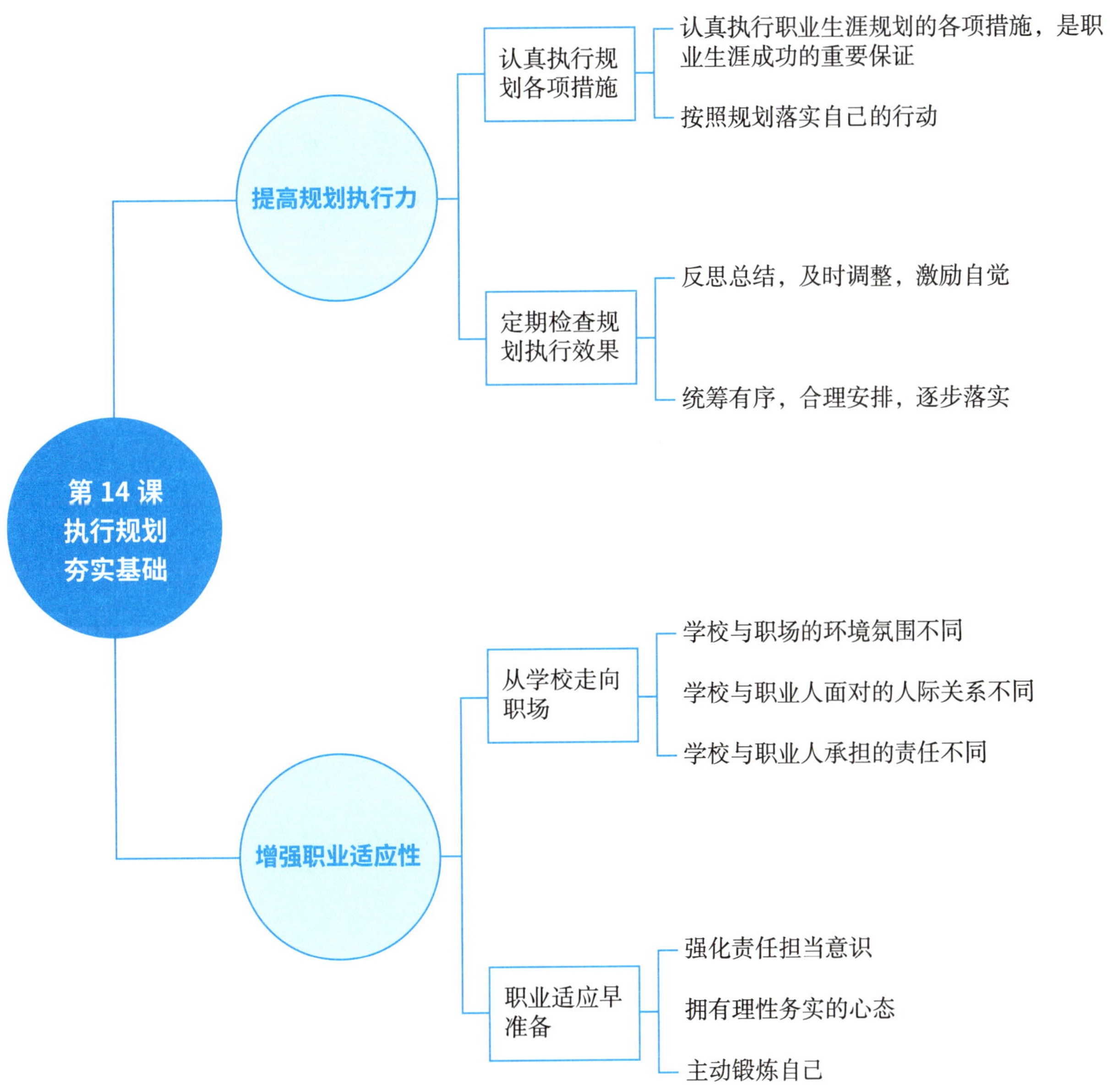

目标点击

1. 理解职业生涯规划贵在坚持、难在坚持、成在坚持。认真执行规划各项措施，定期检查规划执行效果。

2. 领会行动是实现梦想的必由之路，树立责任担当、实干笃行的意识，立足现实、胸怀大志，以积极向上的心态和脚踏实地的行动实现职业理想。

3. 以新时代职业人才的需求为导向，努力提高规划的执行力，增强个人职业适应力，自觉把远大抱负落实于实际行动。

自主预习

观看视频《百家说故事：水滴石穿》，初步思考总议题："水滴石穿"给我们怎样的启示？探讨职业生涯规划贵在坚持、成在坚持。

学习感悟

课堂探究

素质训练

选一选

1. “不积跬步，无以至千里；不积小流，无以成江海。”这句话说明职业生涯规划要（　　）。

A. 主动学习，持续发展　　B. 直面困难，积极应对

C. 脚踏实地，提高执行力　　D. 立足现实，志存高远

2. 小许是某中职学校旅游服务与管理专业的学生，自入校以后就树立了要成为一名优秀导游的目标。他认真制订了每日、每周、每学期的计划，按照一年一个台阶规划自己的职业生涯，上好每一节课，参与每一次实践锻炼，脚踏实地过好每一天，遇到问题及时反思总结。通过努力他先后考取普通话、导游、英语、计算机等相关证书，毕业后顺利入职某旅游公司，成为一名导游。小许职业理想的实现说明了（　　）。

A. 中职学生要制定人生规划　　B. 只有行动才能达成职业规划的目标

C. 中职学生要考取职业资格证书　　D. 中职学生要有成功的信心

3. 提高规划执行力的行之有效的方法包括（　　）。

①及时记录规划执行情况，通过自我检查、自我约束，提醒自己严格执行

②坚持自我激励、自我鞭策，学会时间管理，珍惜时间、善用时间，提高时间利用率

③每天坚持完成小目标，逐步实现大目标

④请他人监督，向老师、家人和同学等公开自己的规划，请他们监督、激励自己

A. ①②③④　　B. ①②③　　C. ①②④　　D. ②③④

4. 通过对规划的执行过程与执行结果进行（　　），可有效提高规划执行力。

A. 重新规划　　B. 认真记录　　C. 反思总结　　D. 分享交流

5. 学校是学习场所，职场是工作场所。这说明（　　）。

A. 学生与职业人面对的人际关系不同

B. 学生与职业人承担的责任不同

C. 学校与职场面对的对象不同

D. 学校与职场的环境氛围不同

6. 学生与职业人承担的责任不同，学生的责任是好好学习，接受教育、储备知识、培养能力；对于职业人来说，恪尽职守、承担责任是非常重要的，因此用人单位考核员工的重要指标是（　　）。

A. 责任心　　B. 事业心

C. 工作业绩　　D. 工作时长

7. 为迈好职业生涯的第一步奠定基础，我们中职学生要（　　）。

A. 树立职业理想　　B. 努力完成学业

C. 不断挑战自我　　D. 做好角色转换的充分准备

8. 为顺利就业和职业生涯可持续发展夯实基础，中职学生要做到（　　）。

①要明确学校与职场的区别、学生与职业人的角色定位，强化自己的责任担当意识

②要拥有理性务实的心态，做好从基层岗位起步，扎扎实实、不断发展的心理准备

③要在日常学习和社会实践中，主动锻炼自己，全面提高职业适应力

④强化角色转换意识，提高职业适应力

A. ②③④　　B. ①③④

C. ①②④　　D. ①②③④

9. 小赵是某中职学校汽修专业的一名学生，在临近毕业选择就业岗位时，认真调研了所在城市汽修行业的用工需求和职业要求，最后选择入职一家小汽修厂，从普通维修工做起，积累实践知识，提升实践本领。以上做法体现了小赵（　　）。

A. 具有较强执行力　　B. 拥有理性务实的心态

C. 具有责任担当意识　　D. 追求美好生活的心愿

10. 小李是一名中职学校学生，在校期间明确职业定位，全身心投入专业学习和技能训练，主动参加实习实训；担任团支书和学生会干部，尽职尽责，做好各项工作；积极参加志愿服务等活动，服务他人、奉献社会。以下表述正确的是（　　）。

①小李做好角色定位，勇于担当作为。

②小李承担非学业任务较多，影响学习。

③小李主动锻炼自己，强化能力素养。

④小李通过行动增强职业适应力。

A. ②③④　　B. ①②④

C. ①③④　　D. ①②③④

填一填

1. 请同学们阅读教材，完成填空学习内容

(1) 职业生涯规划的落实，是一步一步实现的，一切结果都是＿＿＿＿＿＿的累积，因此要采取行之有效的方法，提高＿＿＿＿＿＿。

(2) ＿＿＿＿＿＿规划执行效果，是管理职业生涯规划的重要手段。

(3) 从＿＿＿＿＿＿走向＿＿＿＿＿＿，从＿＿＿＿＿＿转变为＿＿＿＿＿＿，是我们人生的重大飞跃。

(4) 在校期间，我们要＿＿＿＿＿＿、＿＿＿＿＿＿，做好＿＿＿＿＿＿的充分准备，培养自己各方面的能力，为迈好职业生涯的第一步奠定基础。

(5) 中职学生要在学习和社会实践中主动＿＿＿＿＿＿，注意利用一切机会，增强自己的＿＿＿＿＿＿、创新能力、＿＿＿＿＿＿、执行能力等，全面提高＿＿＿＿＿＿。

2. 圆梦职业未来

我未来的理想职业	
我的职业职场要求	
我能适应的职业要求	
我不适应的职业短板	
提升职业适应之策	

3. 规划出彩人生

规划目标	
行动计划	
完成情况	
未完成的原因	
改进措施	

议一议

1. 小镜头，大舞台

董双，一个喜欢动漫的女孩，2020 年选择了动漫与游戏制作专业。为了实现自己的动漫梦，从入校的第一天起，她就制订了详细的职业生涯规划，明确了发展目标。白天她钻研专业、苦练技能，晚上一遍遍复习巩固，绘画、摄影、影视后期制作……她不断攀登，攻克一个个专业难点。在技能大赛训练中，迎难而上，抓住每一个锻炼自己机会，先后获得全国职业技能大赛一等奖和“中职国家奖学金”，被评为省级“优秀学生干部”和“全省美德少年”。在职业发展道路上，她在前行中反思，在反思中调整，在调整中更加坚定的前行，用脚踏实地的行动诠释了中职学生也能有出彩人生！

作为职业学校的学生，我们该如何实现自己的职业生涯规划？

2. 青春之力练就“金手指”

2023 年，小施荣膺“最美职校生”，累获 20 余项荣誉，含技能大赛双冠。她历经 50 余赛，苦练万张练功钞，展现卓越技能。在技能大赛备赛期间，每天训练近 15 个小时，弯曲的右手小拇指是她成功的“勋章”，担任学生会主席团成员和校职业技能协会副会长，以百分百的责任心对待每一项任务，在学习和实践中锻炼自己。因成绩优异、技能突出，毕业后她顺利进入银行工作，将自己的比赛经验和所学技能应用于实际，成为“00 后”技能工匠的青春代言人。

小施的故事给了我们什么启示？我们应该如何用行动铺平职业道路？

活动演练

做一做

认真执行职业生涯规划的各项措施，不仅是职业生涯规划迈向成功道路上不可或缺的重要保证，更是将理想蓝图转化为现实成就的基石。在这个过程中，每一项精心策划的措施都如同通往梦想彼岸的坚实阶梯，需要我们脚踏实地、一步步攀登。总之，认真执行职业生涯规划的各项措施是实现梦想的重要途径。只有付诸行动、持之以恒地努力，我们才能够将理想变为现实，成就一番属于自己的精彩事业。

◎围绕分议题：如何将职业生涯规划落到实处？制定执行具体措施，设定短期与长期目标，并细化到每年、每季度甚至每月的具体行动计划。包括需要采取的具体行动、所需资源、时间表和责任人。确保计划具有可操作性，并能适应实际情况的变化。分组讨论执行职业生涯规划的措施计划，通过自评、互评和教师点评，形成“我的规划我做主”班级承诺书，完成承诺宣言宣誓签名活动。

执行规划措施

说一说

走出校门，踏入工作岗位的那一刻起，我们正式从校园学习的象牙塔迈向了广阔的职业舞台，这一转变不仅是物理空间上的移动，更是身份与责任的深刻变革，伴随着诸多角色转换的压力。在这个过程中，每一个初入职场的学子都可能感受到从学生到职场人士身份转换的不适应，在校期间做好角色转换的准备、培养提升职业适应力是我们走好职业之路的关键一步。只有具备了扎实的专业知识与技能、良好的职业素养、人际交往与沟通能力以及心理调适与抗压能力等综合素质，我们才能在职场中脱颖而出、实现自己的职业梦想。

◎围绕分议题：如何增强职业适应性？开展技能才艺比赛，撰写技能比赛感言，从初识比赛、备赛之路、赛场拼搏、收获成就到展望未来，不断提升职业适应力。小组交流讨论，并在班级内分享技能比赛感言。

技能比赛感言

实践营地

社会实践任务单

班级		小组成员		组长	
实践项目		实践方法		时间	
实践目的					
实践准备					
实践内容					

社会实践体会

评价维度	评　价　要　求	配分	得分
政治认同	坚持马克思主义世界观和方法论，领会中国特色社会主义理论体系，特别是习近平新时代中国特色社会主义思想，增进对伟大祖国、中华民族、中华文化、中国共产党、中国特色社会主义的认同，坚持社会主义核心价值体系，自觉培育和践行社会主义核心价值观。	20	
职业精神	具有积极劳动态度和良好劳动习惯，具有正确职业理想、科学职业观念、良好职业道德和职业行为，具备理性思维、批判质疑、勇于探究的科学精神，能够正确认识和处理社会发展与个人成长的关系，并做出正确价值判断和行为选择，在社会实践中增长才干。	20	
法治意识	具有社会主义法治观念、正确的权利义务观念，尊法学法守法用法，维护宪法尊严，自觉参与社会主义法治国家建设。	20	
健全人格	具有积极心理品质和自尊自信、理性平和、积极向上的心态，能自我调节和管理情绪，做到自立自强、坚韧乐观，提高心理健康水平和职业心理素质。	20	
公共参与	具有主人翁意识，坚持以人民为中心，能够有序参与公共事务、积极承担社会责任。	20	
合　计		100	

成长回眸

我的认识：

我的提升：

我的行动：

本课评价：

评价维度	内　容	得分			
		自我评价	组长评价	生生评价	老师评价
认知与品质（30 分）	理解职业生涯规划贵在坚持、难在坚持、成在坚持。认真执行规划各项措施，定期检查规划执行效果。				
态度与情感（30 分）	领会行动是实现梦想的必由之路，树立责任担当、实干笃行的意识，立足现实、胸怀大志，以积极向上的心态和脚踏实地的行动实现职业理想。				
运用与行动（40 分）	以新时代职业人才的需求为导向，努力提高规划的执行力，增强个人职业适应力，自觉把远大抱负落实于实际行动。				
合计					

自我评价：优秀(90－100 分)　良好(75－89 分)　合格(60－74 分)　待提高(0－59 分)

组长评价：优秀(90－100 分)　良好(75－89 分)　合格(60－74 分)　待提高(0－59 分)

生生评价：优秀(90－100 分)　良好(75－89 分)　合格(60－74 分)　待提高(0－59 分)

老师评价：优秀(90－100 分)　良好(75－89 分)　合格(60－74 分)　待提高(0－59 分)

校外寄语：

信息资讯

习言习语

要实学实干，脚踏实地、埋头苦干，孜孜不倦、如饥似渴，在攀登知识高峰中追求卓越，在肩负时代重任时行胜于言，在真刀真枪的实干中成就一番事业。

——2021 年 4 月 19 日习近平在清华大学考察时的讲话

新时代中国青年要增强学习紧迫感，如饥似渴、孜孜不倦学习，努力学习马克思主义立场观点方法，努力掌握科学文化知识和专业技能，努力提高人文素养，在学习中增长知识、锤炼品格，在工作中增长才干、练就本领，以真才实学服务人民，以创新创造贡献国家！

——2019 年 4 月 30 日习近平在纪念五四运动 100 周年大会上的讲话

奋斗不只是响亮的口号，而是要在做好每一件小事、完成每一项任务、履行每一项职责中见精神。奋斗的道路不会一帆风顺，往往荆棘丛生、充满坎坷。强者，总是从挫折中不断奋起、永不气馁。

——2019 年 4 月 30 日习近平在纪念五四运动 100 周年大会上的讲话

青年处于人生积累阶段，需要像海绵汲水一样汲取知识。广大青年抓学习，既要惜时如金、孜孜不倦，下一番心无旁骛、静谧自怡的功夫，又要突出主干、择其精要，努力做到又博又专、愈博愈专。特别是要克服浮躁之气，静下来多读经典，多知其所以然。

——2017 年 5 月 3 日习近平在中国政法大学考察时的讲话

广大青年要保持初生牛犊不怕虎的劲头，不懂就学，不会就练，没有条件就努力创造条件。“志之所趋，无远弗届，穷山距海，不能限也。”对想做爱做的事要敢试敢为，努力从无到有、从小到大，把理想变为现实。要敢于做先锋，而不做过客、当看客，让创新成为青春远航的动力，让创业成为青春搏击的能量，让青春年华在为国家、为人民的奉献中焕发出绚丽光彩。

——2016 年 4 月 26 日习近平在知识分子、劳动模范、青年代表座谈会上的讲话

推荐网站

1. 中等职业学校信息网。网址：http：//www. mssi－cn. com/

第 15 课
完善规划　奋发有为

思维导图

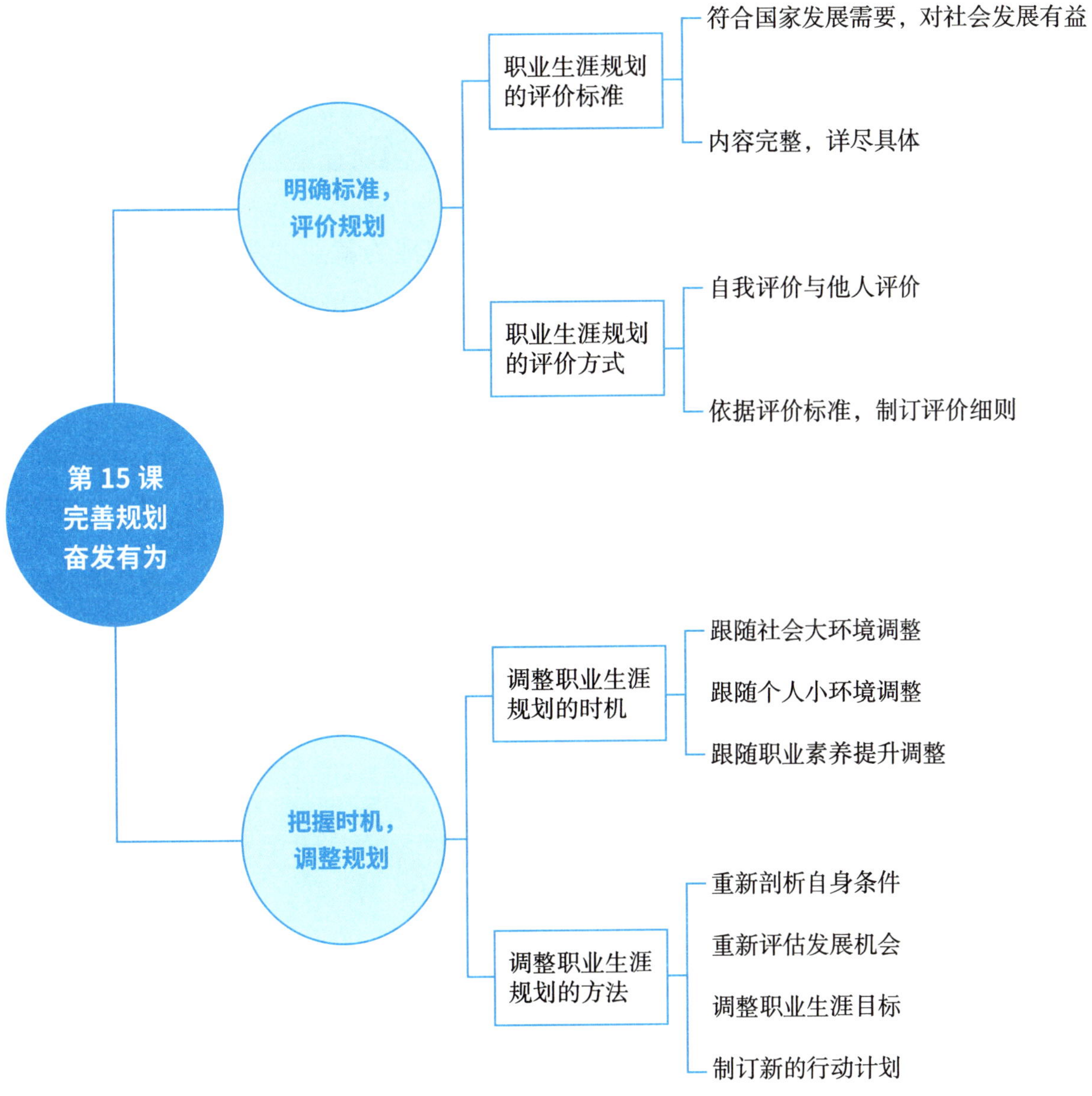

目标点击

1. 掌握职业生涯规划的评价标准，了解职业生涯规划的评价方式，树立通过评价促进职业生涯发展的观念。学会评价职业生涯规划。

2. 树立适时调整与持续完善职业生涯规划的意识，学会用发展的眼光看待世界，用发展的观点正确处理人生问题，坚定奋发有为和实现梦想的信念，为全面建成社会主义现代化强国而努力。

3. 学会评价职业生涯规划，树立不断完善职业生涯发展的观念。能够积极面对变化，学会把握调整职业生涯规划的时机，掌握调整职业生涯规划的方法，持续完善职业生涯规划，放飞理想，人人出彩。

自主预习

观看视频《从职教到职场，职教本科毕业生如何成为就业“黑马”?》，初步思考总议题：为什么职业生涯规划要“与时俱进”？探讨把握机遇、调整职业生涯规划的策略。

学习感悟

课堂探究

素质训练

选一选

1. 一般而言，调整职业生涯规划的最佳时机是（　　）。

A. 在校期内　　B. 毕业前夕及工作后 3 ~5 年

C. 工作 1 年内　　D. 工作 5 年后

2. 中职学生在调整职业生涯规划时，首先应考虑的是（　　）。

A. 我能干什么　　B. 我干的怎么样

C. 为什么这么干　　D. 应该怎么干

3. 下列关于职业生涯规划评价标准的说法正确的是（　　）。

A. 职业生涯规划完全是个人的事，不需要考虑个人以外的其他因素

B. 评价职业生涯不需要考虑未来可能的变化

C. 评价职业生涯规划要看是否可行

D. 职业生涯规划的内容要宏大长远

4. 小李制订好自己的职业生涯规划后，按评价标准对规划整体审视、重点检查过程中，发现有哪些进步和不足，需要做哪些改进和调整。这是（　　）。

A. 自我评价　　B. 主观评价　　C. 他人评价　　D. 客观评价

5. 下列选项中，不属于评价职业生涯规划主要形式的是（　　）。

A. 企业评价　　B. 自我评价　　C. 教师评价　　D. 系统评价

6. 下列选项中，不属于职业生涯发展评价要素的是（　　）。

A. 个人专业技能是否与职业相结合

B. 职业价值取向是否正确

C. 是否可以获得更高的收益

D. 是否符合社会发展趋势，满足社会需要

7. 下列选项中，职业价值取向与职业相对应的是（　　）。

A. 服务业从业者——追求自由空间，掌握自己的命运

B. 公务员——心系群众，服务百姓

C. 自由职业者——有学问，受人尊敬

D. 政治家——挑战自我，喜欢冒险

8. 下列选项中，不能作为中职学生调整职业生涯规划原因的是（　　）。

A. 对职业生涯发展有了新的追求　　B. 环境和本人都发生了较大的变化

C. 当时对实际情况不够了解　　D. 信心满满，好高骛远

9. 毕业前夕，促使我们对职业生涯规划进行调整的因素是（　　）。

A. 实习实训过程中的体验　　B. 职业环境的变化

C. 职业的实践体验　　D. 职业素养的提升

10. 以下属于影响职业生涯规划调整的因素的是（　　）。

A. 父母的要求　　B. 舆论的影响

C. 个人因素不断变化　　D. 来自外界的压力

填一填

1. 请同学们阅读教材，完成填空学习内容

（1）职业生涯规划要符合__________需要，对__________发展有益。职业理想和职业发展目标，要立足中国特色社会主义进入新时代的历史方位，把自己的________________和国家________________紧密联系在一起。

（2）评价职业生涯规划，有________________、______________两种形式。

（3）评价职业生涯规划，要依据评价标准，制订具体的评价细则。评价细则是对评价标准的细化和分解包括发展条件、____________、____________等环节，要保持各环节的完整性、__________、__________和__________。

（4）__________前夕，可根据实习实训过程中的体验，求职过程中对自身条件的检验，以及职业信息和就业市场供需实际等，对职业生涯规划进行调整。__________初期，职业的实践体验、职业环境的变化、职业素养的提升等，也可能促使我们调整职业生涯规划。

（5）调整职业生涯规划，首先，要确定“我能做好什么”。其次，要明确“____________”。再次，审视“______________”。最后，审视“__________________”。

2. 请从以下三个维度评价自己的职业生涯规划

自我评价	
同学评价	
老师指导	

3. 填写职业生涯发展过程中可能遇到的突发情况和应对措施

突发情况	可能原因	短期应对措施	长期调整策略
职业倦怠			
行业变革			
经济衰退			
人际关系冲突			
健康问题			
技术快速淘汰			
职业目标调整			

议一议

1. 大国工匠　技能报国

2023年“大国工匠年度人物”荣耀揭晓，涵盖装备制造、水利环保、人工智能、电力能源、文物保护、冶炼技术等多个关键领域。这些杰出人物中，有攀登水电技术高峰的勇士，有默默守护城市地下管网的守护者，有让千年文物焕发新生的巧匠，有为新型电力系统建设立下汗马功劳的精英，有为国之重器装上“中国芯”的工匠，有创造巨大经济价值的“铣工之王”，有在AI领域勇敢探索的“巾帼精英”……他们不仅是各自领域的顶尖技术人才，更是劳模精神、劳动精神与工匠精神的优秀传承者。

请结合以上材料，议一议我们作为中职学校的学生，应该怎样从符合国家发展需要，对社会发展有益等方面来明确职业生涯规划的标准？

2. 把握时机　创业圆梦

王元虎毕业时，在一个不错的企业上班，算是在大城市找到了一份稳定的工作。但他一直有个梦想——“让农村成为人们向往的地方，让农民成为人人羡慕的职业”。在国家推进乡村振兴的过程中，他认为圆梦的机会来了，他辞去大城市的高薪工作，毅然回乡创办济南源虎食品有限公司，历经挫折和磨难，创业成功的他不忘回馈家乡，带领更多返乡青年创业致富奔小康。

请结合以上材料，议一议如何把握时机，调整规划？

活动演练

做一做

人生的绚烂之处，在于心怀高远之志，理想之光照亮前行的道路。步入新时代，我们更应紧握梦想的罗盘，不负韶华，不负这伟大时代赋予的使命。在奋力前行的征途中，不仅要卷起袖子，以满腔的热情和不懈的努力投身实践，更要学会适时抬头，眺望远方，精心规划人生的蓝图，灵活调整脚下的步伐，确保每一步都坚实而有力。让我们以不懈的努力为笔，以坚定的信念为墨，书写属于自己的精彩篇章。相信通过我们的奋斗与坚持，定能迎来一个更加辉煌、美好的未来，让心中的理想之花在现实世界中绚丽绽放。

◎围绕分议题，职业生涯规划的评价标准和评价方式？召开一场职业规划评估会，记录形成自己的职业生涯点评报告。各组从目标合理性、实施计划可行性、适应性与灵活性、自我认知与成长导向、资源利用与支持、评估与调整机制等方面对职业生涯规划进行自评和互评，更好地了解自己的职业规划是否符合自己的需求和目标，从而做出更加明智的职业决策。

职业规划点评

说一说

小张是市场营销专业毕业生，初入职场进入某互联网公司，逐步晋升为市场主管。然而，随着行业与个人发展的变化，他发现市场营销已经向数字化转型，社交媒体营销等内容成为主流。于是他调整职业规划，将目标定位社交媒体营销领域的佼佼者，重新制定新计划，报名专业数字营销课程，在公司内部争取更多相关任务，紧跟数字营销领域最新发展，调整策略。经过一段时间努力后，小张在数字营销领域已经取得了显著的进步和成就。他开始关注市场上信息和行业动态，发现很多贫困地区农产品推销不出去，他决定创办一家专注于农产品销售与扶贫的创业公司，经过几年的努力，小张的创业公司取得了显著成效，公司品牌知名度不断提升，产品销量持续增长。更重要的是，通过公司的扶贫项目，带动了数百户贫困户实现了稳定脱贫。小张通过调整自己的职业规划目标，成功地将个人兴趣与社会责任相结合，走出了一条独特的创业之路。

◎围绕分议题：调整职业生涯规划的方法有哪些？举行以“学榜样、明方向”为主题的调整职业规划论坛，分析一位榜样人物，看看其职业生涯发展经历了哪些变化，是在何种时期，怎样调整规划的？谈谈你的思考，并与同学交流，总结调整职业生涯规划的时机和方法。

榜样人物分析

实践营地

社会实践任务单

<table>
<tr><td>班级</td><td></td><td>小组成员</td><td></td><td>组长</td><td></td></tr>
<tr><td>实践项目</td><td></td><td>实践方法</td><td></td><td>时间</td><td></td></tr>
<tr><td>实践目的</td><td colspan="5"></td></tr>
<tr><td>实践准备</td><td colspan="5"></td></tr>
<tr><td colspan="6">实践内容</td></tr>
<tr><td colspan="6"></td></tr>
</table>

社会实践体会

评价维度	评 价 要 求	配分	得分
政治认同	坚持马克思主义世界观和方法论，领会中国特色社会主义理论体系，特别是习近平新时代中国特色社会主义思想，增进对伟大祖国、中华民族、中华文化、中国共产党、中国特色社会主义的认同，坚持社会主义核心价值体系，自觉培育和践行社会主义核心价值观。	20	
职业精神	具有积极劳动态度和良好劳动习惯，具有正确职业理想、科学职业观念、良好职业道德和职业行为，具备理性思维、批判质疑、勇于探究的科学精神，能够正确认识和处理社会发展与个人成长的关系，并做出正确价值判断和行为选择，在社会实践中增长才干。	20	
法治意识	具有社会主义法治观念、正确的权利义务观念，尊法学法守法用法，维护宪法尊严，自觉参与社会主义法治国家建设。	20	
健全人格	具有积极心理品质和自尊自信、理性平和、积极向上的心态，能自我调节和管理情绪，做到自立自强、坚韧乐观，提高心理健康水平和职业心理素质。	20	
公共参与	具有主人翁意识，坚持以人民为中心，能够有序参与公共事务、积极承担社会责任。	20	
合 计		100	

成长回眸

我的认识：

我的提升：

我的行动：

本课评价：

评价维度	内　容	得分			
		自我评价	组长评价	生生评价	老师评价
认知与品质（30 分）	掌握职业生涯规划的评价标准，了解职业生涯规划的评价方式，树立通过评价促进职业生涯发展的观念。学会评价职业生涯规划。				
态度与情感（30 分）	树立适时调整与持续完善职业生涯规划的意识，学会用发展的眼光看待世界，用发展的观点正确处理人生问题，坚定奋发有为和实现梦想的信念，为全面建成社会主义现代化强国而努力。				
运用与行动（40 分）	学会评价职业生涯规划，树立通过评价促进职业生涯发展的观念。能够积极面对变化，学会把握职业生涯规划调整的时机，掌握调整职业生涯规划的方法，持续完善职业生涯规划，放飞理想，人人出彩。				
合计					

自我评价：优秀(90－100 分)　良好(75－89 分)　合格(60－74 分)　待提高(0－59 分)

组长评价：优秀(90－100 分)　良好(75－89 分)　合格(60－74 分)　待提高(0－59 分)

生生评价：优秀(90－100 分)　良好(75－89 分)　合格(60－74 分)　待提高(0－59 分)

老师评价：优秀(90－100 分)　良好(75－89 分)　合格(60－74 分)　待提高(0－59 分)

校外寄语：

信息资讯

习言习语

幸福生活是靠劳动创造的，大家要保持平实之心，客观看待个人条件和社会需求，从实际出发选择职业和工作岗位，热爱劳动，脚踏实地，在实践中一步步成长起来。

——2022 年 6 月 8 日习近平总书记在宜宾学院考察时的讲话

各级党委和政府要高度重视高校毕业生就业问题，高校毕业生要转变择业就业观念，只要有志向就会有事业，只要有本事就会有舞台。希望大家找准定位，踏踏实实实现人生理想。

——2020 年 7 月 23 日习近平总书记在一汽集团考察时的讲话

青年的人生之路很长，前进途中，有平川也有高山，有缓流也有险滩，有丽日也有风雨，有喜悦也有哀伤。心中有阳光，脚下有力量，为了理想能坚持、不懈怠，才能创造无愧于时代的人生。

——2016 年 4 月 26 日习近平在知识分子、劳动模范、青年代表座谈会上的讲话

当代中国青年要在感悟时代、紧跟时代中珍惜韶华，自觉按照党和人民的要求锤炼自己、提高自己，做到志存高远、德才并重、情理兼修、勇于开拓，在火热的青春中放飞人生梦想，在拼搏的青春中成就事业华章。

——2015 年 7 月 24 日习近平致全国青联十二届全委会和全国学联二十六大的贺信

只有把人生理想融入国家和民族的事业中，才能最终成就一番事业。

——2013 年 5 月 2 日习近平给北京大学考古文博学院 2009 级本科团支部全体同学回信

推荐网站

1. 中国就业网。网址：https：//chinajob. mohrss. gov. cn/
2. 国家大学生就业服务平台。网址：https：//job. ncss. cn/

后 记

我们希望通过这本书，引导同学们在追求职业成功的同时，更加关注自己的内心世界，保持心灵的健康与平衡。在编写过程中充分考虑了当前学生的实际情况和社会需求，结合了大量的实际案例和统计数据，分析了当前中职学生在心理健康和职业生涯规划方面存在的问题和挑战，并提出了相应的解决方案和建议。同时，我们也通过对教材知识点的延伸和拓展，帮助同学们了解自己的兴趣、价值观、能力等内在特质，从而找到适合自己的职业方向。

在编写过程中，我们遇到了许多困难和挑战，但也收获了许多宝贵的经验。我们认识到，在编写教辅用书时，必须紧密结合学生的实际情况和社会需求，注重内容的实用性和针对性。同时，我们也注重教学方法和手段的创新，以更好地激发学生的学习兴趣和积极性。希望通过更多的实践活动和案例分析等方式，为学生提供更加全面而深入的学习体验。

最后，要感谢所有为本书付出努力和贡献的人。感谢编者的辛勤创作和深刻思考，感谢编辑的精心策划和严谨审校，感谢所有参与本书评审和推荐的专家和学者。正是有了他们的支持和帮助，本书才能得以顺利完成并呈现给所有使用本书的同学们。

我们相信，在全体编者的共同努力下，这本书一定能够成为广大读者在心理健康和职业生涯规划方面的重要参考和指导工具。愿本书能成为同学们职业生涯中的一盏明灯，照亮前行的道路，引领你们走向更加美好的未来。

编者

2024 年 8 月